F. W Koch

Die Weine im Gebiete der Mosel und Saar

F. W Koch

Die Weine im Gebiete der Mosel und Saar

ISBN/EAN: 9783743354081

Hergestellt in Europa, USA, Kanada, Australien, Japan

Cover: Foto ©ninafisch / pixelio.de

Manufactured and distributed by brebook publishing software (www.brebook.com)

F. W Koch

Die Weine im Gebiete der Mosel und Saar

Die Weine
im
Gebiete der Mosel und Saar

von

F. W. Koch und Heinr. Stephanus,

zugleich

erläuternder Text

zu der

Weinbaukarte der Gebiete von Mosel und Saar
1 : 60,000.

———·•·———

Trier.
Verlag von Heinr. Stephanus.
1898.

Vorwort.

Zu der von der Verlagshandlung Heinr. Stephanus zu Trier herausgegebenen und äußerst reich ausgestalteten Karte von dem Weinbaugebiete der Mosel und Saar im Maaßstabe von 1:60,000 hier wird eine Erläuterung geliefert, welche, wenngleich möglichst kurz gehalten, über die Weinbauverhältnisse eines jeden Ortes so viel Auskunft geben soll, daß sie den Käufern von Weinen alsbald die erforderlichen Fingerzeige dahin giebt, wo sich die gewünschte Qualität beschaffen lassen wird.

Der in den letzten zwei Decennien so gewaltig gewachsene Ruf und Absatz der Mosel- und Saarweine bringt eine Menge Kaufliebhaber aus der Ferne in unser schönes Land, für welche d i e s e K a r t e n e b s t d e n E r l ä u t e r u n g e n d a z u e i n w a h r e r S c h a t z s e i n wird, da durch solche eine schnelle Orientirung möglich ist; auch diejenigen Kaufliebhaber, welche auf den alljährlich stattfindenden großen Weinversteigerungen zu Trier ihren Bedarf decken, werden sich behufs Ermittelung des Ursprungs ihrer angekauften Weine mit Vortheil der Karte nebst Text als Wegweiser bedienen können. Nicht minder müssen die Weinhandlungen, Gasthöfe und die bedeutenderen Weinproducenten ein großes Interesse an der Karte haben, denn dieselbe gewährt mit dem Text einen vorzüglichen Ueberblick über das ganze Weingebiet, und wirkt dabei belehrend, sowohl in Beziehung auf Weinbau als auch auf Weinwachsthum; vielen Kunden, Gästen und Reisenden wird dieselbe von größtem Interesse sein.

Die hier zu gebenden Erläuterungen zu dieser Karte werden sich, neben einer kurzen Schilderung der allgemeinen Weinbauverhältnisse, in den verschiedenen Geländeabtheilungen erstrecken auf:

    a. Anführung jeder weinproducirenden Ortschaft und deren Verbindung mit der nächsten Eisenbahn-, sowie Dampfschiffbrückenstation.

    b. Angabe der Größe der Weinbergsflächen in jeder Gemeinde nebst deren Qualitätsklassen nach dem Kataster.

    c. Durchschnittlicher Jahresertrag an Wein.

    d. Angabe der besseren Weinbergslagen, namentlich in Weinorten von größerem Ruf.

    e. Anführung der in den Gemarkungen liegenden Weingüter, und der größeren Producenten.

    f. Angabe der hauptsächlichsten Gasthäuser in den Ortschaften.

    g. Besondere Verhältnisse des Weinortes, soweit solche für den Wein-Einkauf und für Reisende wichtig erscheinen.

Möge dieses Ziel durch das Nachstehende erreicht werden zum Nutzen unseres ganzen Weinabsatzes, des Weinkäufers und der Producenten, sowie zum Frommen des ganzen Mosel- und Saar-Weinlandes.

Trier, im Oktober 1897.

Die Verfasser.

Einleitung.

Tauch'ſt du deinen durſt'gen Mund
In die leichte Moſelſäure,
So wird ſchnell dein Herz geſund!
   E. Rittershaus.

Die in der Rheinprovinz dem Bau der Moſel- und Saarweine gewidmete Fläche beträgt nach dem Kataſter annähernd 6150 Hectar; hierzu tritt noch das Weingebiet des Großherzogthums Luxemburg mit etwa 900 Hectar Fläche. Seit einigen Jahren iſt die Vergrößerung der dem Weinbau gewidmeten Flächen an vielen Stellen deutlich erkennbar, namentlich ſind es die größeren Producenten, welche auf bisherigem Ackerland, ſowie auf Waldflächen Weinberge angelegt und neu geplant haben. In den Kreiſen Saarburg und Trier (Land) beziffert ſich der Zuwachs an neu ausgeführten in Ausführung begriffenen und neu geplanten Weinbergen allein ſchon auf mehr als 70 Hectar. Selbſt die königliche Behörde hat mit der Neuanlage von Weinbergen auf bisherigen Waldflächen begonnen und will dem Vernehmen nach an anderen Stellen noch über 45 Hectar Wald als Weinberge anlegen. Ebenſo wie der Staat ſind auch bereits einzelne Gemeinden dazu übergegangen, geeignete Waldflächen zur Weinbergsanlage zu bestimmen und deshalb zu vertheilen, zu verpachten oder zu veräußern. In der Gemeinde Casel sind bei einer solchen Veräußerung von Lohhecken mehr als 9000 Mark pro Hectar erzielt worden. Auch die Privaten, soweit sie noch geeignete Grundstücke für Weinbergsanlagen haben, zögern nicht, sich denselben Bestrebungen anzuschließen, und so gewahrt man heute ein Ringen nach Anlage neuer Weinberge, wie solches bis dahin niemals gedacht worden ist. Es ist dieses einmal ein Zeichen der Zeit, welche nach lohnendem Besitz strebt, anderseits ist es auch ein Zeichen dafür, daß der jetzt wachsende Mosel- und Saarwein nicht genügt, um den zunehmenden Bedarf ausreichend zu decken. Ob für die Erzeugung recht guter Weine das Anwachsen der Weinbergsflächen in schon weniger geeigneten Lagen vortheilhaft ist, bleibt allerdings fraglich; die Wahrscheinlichkeit spricht eher dagegen als dafür. Aber auch die größere Erzeugung von Schoppenweinen kann wirthschaftlich vortheilhaft sein, wenn dadurch eine Erhöhung der Bodenrente und eine bessere Ausnutzung der vorhandenen Arbeitskräfte herbeigeführt wird.

Etwa 80 Procent aller Weinberge im Gebiete der Mosel und Saar stocken auf T h o n s c h i e f e r g e s t e i n oder doch auf Boden, welcher durch Verwitterung von Thonschiefer entstanden ist. Auf diesem Thonschiefer wachsen die rassigen bouquetreichen Weine, deren Spitzen sich mit den besten Weinen der Welt getrost messen dürfen. Die übrigen 20 Procent der Weinberge umfassen etwa 19 Procent Muschelkalkboden und 1 Procent Buntsandstein, beide im oberen Laufe der Mosel gelegen. Auf dem Kalkboden wird eine Massenerzeugung von

Wein betrieben, aber dieser Wein ist größentheils stumpf, sauer und ohne Bouquet. Die geographische Lage des Weinbaugebietes zwischen dem 49. und 51. Breitengrade, sowie die Höhenlage der Weinberge, welche etwa 65—225 Meter über den Amsterdamer Pegel beträgt, bedingt die Anzucht der Rebe nur in Sonnenlagen, denn sonst reift die Traube nicht aus. Durch die Krümmungen der Mosel und Saar werden nicht allein vielfach sehr sonnige und geschützte, aber auch sehr steile Einhänge gebildet, die dem Weinbau außerordentlich günstig sind, sondern auch in den durch Seitenbäche entstandenen vielen Seitenthälern finden sich eine Menge derartiger sonniger Einhänge, in denen vorzügliche Weine von größtem Ruf gebaut werden.

Die mittlere Jahrestemperatur im Weingebiet beträgt etwa $+9{,}5^0$ C.; die Kälte steigt selten bis -18^0 C., die Wärme selten bis zu $+30^0$ C. Die Niederschläge erreichen durchschnittlich 693 mm pro Jahr; die Zahl der Gewittertage beträgt durchschnittlich jährlich 18.

Der Rebsatz besteht hauptsächlich aus **Riesling**, soweit der Thonschieferboden reicht. Noch vor 20 Jahren stritt der Riesling mit dem Elbling oder Kleinberger um den Vorrang im Rebsatz; heute jedoch ist der Kleinberger sehr stark zurückgedrängt, denn fast alle Neuanlagen in nur einigermaßen guten Bergen sind inzwischen durch Riesling erfolgt. Selbst in wenig geeigneten Lagen baut man jetzt nur Riesling an, obgleich diese Traubensorte spät reift. Aber die Rieslingsweine sind äußerst bouquetreich und dabei gehaltvoll, weshalb sie von dem Käufer wesentlich bevorzugt werden. Dabei tragen die Rieslingsstöcke fast alle Jahre, und die Blüthe ist gegen Witterungseinflüsse wenig empfindlich; der

Kleinberger dagegen reisert oft ab und liefert dann wenig Wein, der noch dazu dünn und wenig bouquetreich ist. Beigemischt sind in geringeren Lagen mitunter Oestreicher, Ruländer, Traminer und weißer Burgunder, welche Rebsorten jedoch nicht in die Wagschale fallen. Für Rothwein wird der schwarze Burgunder, der blaue Frühburgunder, sowie etwas Portugieser angebaut, aber die Menge des Rothweins ist nur unbedeutend.

Auf dem Kalkboden werden hauptsächlich zur Massenproduction angebaut: der grobe Elben, der Heunisch und der Ortlieber; in reichen Weinjahren liefert bei diesem Rebsatz der Hectar Weinberg schon 80 Hectoliter Wein und mehr.

Der Bau der Weinberge wird jetzt wesentlich besser betrieben als vor 20 Jahren. Belehrungen durch Weinbauschulen, Wanderlehrer ꝛc. haben inzwischen vielfach stattgefunden, es haben sich Vereine zum verständnißvollen Betriebe des Weinbaues gebildet, und die Besitzer größerer Weingüter haben durch zweckmäßigen Bau gar belehrende Beispiele gegeben, welche der kleine Winzer, nachdem er gute Erfolge gesehen hat, gerne nachahmt. Aber der Hauptanstoß zu einem besseren Bau ist doch erst durch den schnellen Absatz und die erhöhten Weinpreise gegeben, denn dadurch ist der Weinbau lohnend geworden, und nur dadurch findet der Winzer jetzt einigermaßen seine Rechnung. Immerhin ist der Bau besser als früher; aber vielfach ist bei dem kleinen Winzer derselbe doch nichts weniger als vollkommen, denn eine Menge kleiner Weinbergsparzellen haben noch zu enge Zeilen, es wird noch nicht hinreichend planirt, der Neusatz erfolgt noch mit Schnittreben, welche letztere nicht von ausgesuchten volltragenden Stöcken genommen sind, es wird vielfach noch zu spät gesetzt, das Jungfeld wird nicht gerührt und vom Unkraut rein gehalten. Der Rebstock bekommt zu viele und zu lange Büglinge, und die Büglinge werden mit der Spitze auf den Boden gelegt, das Aufstöcken geschieht zu dicht bei dem Stocke, die Düngung ist unvollkommen und wird unzweckmäßig ausgeführt 2c. 2c. Der Hauptfehler wird jedoch bei der Lese gemacht, denn man denkt nicht daran, lediglich Trauben gleicher Güte zusammenzulesen und dadurch bessere Weine herzustellen, sondern man rafft alle Trauben, gut und schlecht, zusammen und bringt dann solche auf die Kelter. Von einer wirklichen und vernünftigen Auslese ist somit keine Rede; wenn der kleine Winzer von Auslese spricht, so ist dieses meistens eine Fabel. Allerdings bestimmen die Lesecommissionen, falls die Trauben in den Weinbergen schnell in Fäulniß übergehen, nicht selten die Vornahme einer Vorlese, aber es wird dann dabei von den meisten Winzern auch der ganze Traubenvorrath entnommen, weshalb von einer wirklichen Vorlese auch keine Rede sein kann. Wo die Trauben nicht mindestens 4 mal durchgelesen werden, wobei stets nur das Gleiche zum Gleichen zu bringen ist, kann an eine gute Auslese nicht gedacht werden; in besseren Weinjahren ist solche aber nothwendig, wenn die mit so viel Mühe erzogenen Trauben auch vernünftig verwerthet werden sollen; in schlechten Weinjahren ist jedoch eine Auslese kaum lohnend. Wenn man sieht, wie der Winzer sich jahraus jahrein in den Weinbergen abmüht, so begreift man nicht, wie der geplagte Mann den Werth seiner Trauben durch eine schlechte Lese so herabwürdigen kann, daß er an denselben mehr als ein Drittel des Werthes verliert; es ist eben die Habsucht, welche zu diesem Vorgehen treibt, denn man fürchtet, daß einige Beeren auslaufen könnten, wodurch die Menge sich vermindern würde. Aber selbst diese Furcht entbehrt der Begründung, denn durch ein Verzögern des Leseschlusses in Folge von Auslesen werden die Trauben entschieden dünnhäutiger und geben dann mehr Most als die Trauben mit dicken Schalen. Allerdings kann der kleine Winzer, welcher weniger als 3 Fuder Most erntet, nicht gut bessere Auslesen machen, allein diejenigen Besitzer, welche mehr als diese Mostmenge abkeltern, können mit großem Vortheil für ihren Geldbeutel sorgfältige Auslesen einführen, und sie würden hierdurch zur Erhöhung des guten Rufes der Moselweine ganz wesentlich beitragen. —

Jedes ernstliche Bestreben nach Erzeugung möglichst guter Weine ist dem guten Ruf der Moselweine förderlich; nicht der kleine Winzer hat aber diesen Ruf begründet, sondern es sind die Besitzer der Weingüter, sowie die größeren Weinproducenten gewesen, welche durch vernünftigen Bau und Einführung sorgfältiger Auslesen, wobei hochfeine Weine hergestellt worden sind, den Ruf der Moselweine weit über die Grenzen des Vaterlandes hinaus begründet und gefördert haben. Einzelne Weinorte haben sich in dieser Beziehung ganz besonders ausgezeichnet, und diesen gebührt dafür unser Dank, denn sie haben dadurch die Lage der Winzer im Gebiete der Mosel und Saar wesentlich gebessert. Durch die alljährlich in Trier stattfindenden großen Weinversteigerungen haben die größeren Weingutsbesitzer die Kenntniß von der Güte des feinen Moselweines weit verbreitet; ohne diese Weinversteigerungen würde man wohl Moselwein, aber nicht die Vorzüglichkeit der befferen Sachen darunter kennen und kennen gelernt haben.

So sehr aber auch anerkannt werden muß, daß die größeren Weingutsbesitzer durch Herstellung möglichst guter Weine und durch deren öffentliche Versteigerung zur besseren Erkenntniß der Moselweine gewirkt haben, so ist denselben doch nicht der jetzt eingetretene wesentlich stärkere Absatz der Moselweine zuzuschreiben, solcher ist vielmehr eine Folge der Anstrengung unseres Weinhandels, der durch Umsicht, Fleiß, Ausdauer nnd Zuverlässigkeit dem Moselwein von Jahr zu Jahr ein größeres Absatzgebiet geschaffen hat, dieses Gebiet aber auch erst erobern mußte. Die Ausdehnung dieses eroberten Gebietes erstreckt sich nicht allein auf Deutschland, wo im Norden und Osten der französische Rothwein seit langen Zeiten sich als einziges Weingetränk eingebürgert hatte, sondern auch über See hat der Absatz an Moselweinen sich wesentlich vergrößert und vermehrt. Daß nur die bedeutenden Vertreter des reellen Weinhandels, also die Weingroßhandlungen, es sind, welche hier lediglich Hand angelegt, die Kosten der Erschließung neuer Absatzgebiete getragen und durch Lieferung preiswürdiger Weine sich diese Gebiete auch erhalten haben, bedarf kaum wohl noch der Erwähnung; die kleinen Weinhandlungen, deren es viele hunderte giebt, konnten solche Opfer nicht bringen und waren hierzu nicht befähigt; den Weinfabriken aber, deren immer noch einige bestehen, fehlten die Empfehlungen der Zuverlässigkeit, wenn sie auch billig liefern konnten.

Ueber das Kapitel „Weinhändler" sind unsere Ansichten folgende:

Der zuverlässige Weingroßhändler läßt alle besseren

Weine unbedingt rein und arbeitet bei denselben, wo es noth thut, nur durch Verschnitte. Geringe saure Weine aus schlechten Jahren macht er durch Entziehung der Säure oder durch Verdünnung derselben und durch Zusatz von Zucker in der Weise absatzfähig und mundgerecht, daß er dem Weine nichts mehr entzieht und auch nichts mehr zusetzt, als zum Zwecke der Herstellung eines trinkbaren Weines unbedingt nothwendig ist. Jede Vermehrung des Weines durch Wasser über dieses Ziel hinaus, fällt in das Gebiet der Weinfabrikation, und der zuverlässige Weinhandel hört damit auf. Durch geeignete Kellerwirthschaft und gute Weinpflege sind die Weingroßhandlungen vorzugsweise befähigt, die saueren und direkt ungenießbaren kleinen Weine aus geringen Weinjahren angemessen herzustellen, und das dafür eben angedeutete Verfahren muß als „durchaus vernünftig" bezeichnet werden. Ob Weingroßhandlungen die Weine nur suderweise oder halbsuderweise verkaufen, wie meistens für diese Bezeichnung angenommen wird, ist ein Irrthum, denn der Weingroßhändler verkauft gerade so gerne ohm- und hectoliterweise, namentlich wenn er gerade passende Weine im Bruch hat. Wirklich feine Weine werden bei dem Weingroßhändler überhaupt selten suderweise gekauft, denn es sind meistens kleinere Gebinde oder Flaschen, welche bestellt werden. Für die Bezeichnung „Weingroßhandlung" kommt vielmehr der ganze Umsatz von Weinen und das dafür maßgebende größere Absatzgebiet in Betracht; wenn sich hierfür auch feste Zahlen nicht angeben lassen, so ist dieser Begriff doch deutlich und von Jedermann erkennbar.

Unter den Weingroßhandlungen an der Mosel haben einige sich hauptsächlich auf den Vertrieb von guten,

feinen und feinsten Flaschenweinen verlegt, und diese
sind keine schlechten Pioniere für den guten Ruf der
Moselweine, denn viele — viele tausend Flaschen dieser
schönen, reinen und rassigen Weine wandern in die
Ferne, wo sie mit Begier und Freude geleert werden.
Diesen Vertretern des Faches unter unseren Moselwein-
Großhandlungen bringen wir unsere besten Wünsche für
möglichste Ausbreitung ihrer Geschäfte entgegen, weil
sie den Uebergang von dem Geschmacke der Schoppenweine zu dem der besseren Weinsorten schnell vermitteln.

Kleine und kleinere Weinhändler mit Mosel- und
Saarweinen giebt es an vielen Orten des Productions-
gebietes; der Absatz derselben an Weinen ist häufig gar
nicht unbedeutend und recht nennenswerth, und es sind
tüchtige Leute darunter, allein es giebt auch nicht
wenige derselben, deren Umsatz gering ist, wobei sie
noch vielfach aller Fachkenntnisse bar sind. Wer Zeit
übrig hat oder dessen früheres Gewerbe nicht gut ging,
legt sich nicht selten einen Weinhandel an und sucht
nach Absatz seiner Weine. Solche Handlungen nützen
dem Ruf der Mosel- und Saarweine gar wenig, allein
sie schädigen auch wenig, da das Absatzgebiet sehr enge
begrenzt ist.

Unter „Weinfabriken" verstehen wir solche Geschäfte,
in welchem aus kleinen, sauren Weinen das **Viel-
fache der Menge** durch Zusatz von Wasser ꝛc.
hergestellt wird; wer zur Verdünnung der Säure, selbst
bei ganz geringen Weinen, mehr Wasser zugesetzt, als
Wein vorhanden ist, fabricirt Wein, gleichviel ob er
Weinsäure und andere Stoffe dazu verbraucht oder nicht.
Das böse, dünne und gehaltlose Product dieser fabricirten
Weine ist nicht geeignet, den Ruf der Moselweine zu

erhöhen; es geht dabei vielfach in ferne Gegenden, wo man billige Moselweine zu 40—50 Pf. pro Liter verlangt, und gerade dadurch schädigt dasselbe sowohl den zuverlässigen Weinhandel als auch den Weinbauer, denn der zuverlässige Weinhandel kann so billig nicht liefern, und der Weinbauer behält seine Weine im Keller liegen, wenn er solche nicht zu Schleuderpreisen verkaufen will.

In Folge der gesetzlichen Maßnahme und den angedrohten Strafen ist die Weinfabrikation immerhin vorsichtiger und schlauer geworden, als früher; man sucht jetzt wenigstens sogenannte analysenfeste Weine herzustellen, damit das Strafgesetz nicht in Anwendung kommen kann, und wenn auch durch allerlei Zusätze das gesteckte Ziel noch billig erreicht werden kann, so hat die Vermehrung von Weinen in ungezählten Massen doch ein Ende erreicht.

Neben den Vertretern des reellen Weinhandels sind es die Weincommissionäre, welche sich um die Ausbreitung des Absatzes der Mosel- und Saarweine wesentliche Verdienste erworben haben. Die Zahl der bekannten sehr zuverlässigen, viel beschäftigten, tüchtigen Weincommissionären an der Mosel und Saar ist zwar nicht groß, allein der Umfang ihrer Geschäfte ist ganz bedeutend. Durch zuverlässige Behandlung ihrer Auftraggeber haben dieselben sich einen ganz vorzüglichen Ruf begründet, weshalb ihnen auch aus gar weiter Ferne die Aufträge der größten Geschäfte und vieler Gesellschaften zur Ausführung zugehen. Neben diesen Commissionären ersten Ranges sind auch noch eine Anzahl zweiten Ranges thätig, und fast in jedem größeren Weinorte findet man außerdem noch Küfer und auch Winzer, welche im einzelnen Falle gerne die Leistungen der Weincommissionäre auszuüben bereit sind und die Besorgungen auch gut ausführen.

Wenn die Weinbauern ihre volle Schuldigkeit zur Erzeugung möglichst guter Mosel- und Saarweine thun, so ist es bei den Anstrengungen des Weinhandels auf Erweiterung des Absatzgebietes gar nicht zweifelhaft, daß der gute Ruf der Weine noch ganz wesentlich zunehmen muß; es kann dieses jedoch durch die Erzeugung nur vieler Weine nicht geschehen, sondern lediglich durch gute Weine läßt sich dieses Ziel sicher erreichen. Das in der Neuzeit viel gehörte Wort: „Augenblicklich ist der Moselwein Modesache," kann nur von blassen Neidern aus anderen Weingebieten ausgesprengt werden. Denn der Moselwein mit seiner ihm anklebenden Säure wird nie zur Modesache werden, sondern es sind die jetzt allgemeiner erkannten vorzüglichen und namentlich die bekömmlichen Eigenschaften des Mosel- und Saarweines, welche das Absatzgebiet und die Nachfrage nach demselben so wesentlich vergrößert haben. Guter Moselwein wirkt durch seine leichte Säure erfrischend, kühlend und belebend, dabei ist derselbe kräftig sowie körperreich, und besitzt ein unnachahmliches, gewürziges, zartes und mildes Bouquet. Sein Alkoholgehalt ist zwar nicht übergroß, aber dennoch ist der Wein geistig und edel. Der Wein erster Classe entwickelt jedoch erst auf der Flasche die so hochfeine Blume, wie kein anderer Wein der Welt eine solche zeigt. Die Farbe des Mosel- und Saarweines ist hellgelbgrün, Flocken dürfen in dem Wein nicht enthalten sein, und beim Schütteln darf sich nur wenig Schaum entwickeln. Dem schnellen Abkeltern der Maische nach dem Einbringen der Trauben ist diese dem Moselwein eigenthümlichen Farbe lediglich zuzuschreiben; die

Maische darf in der Bütte nicht angähren, wenn der Wein eine hellgelbgrüne Farbe erhalten und sein feines Bouquet behalten soll. Versuche in dieser Richtung haben gezeigt, daß bei einem Angähren der Maische in der Bütte das feine Bouquet ganz verloren geht und daß der Wein eine recht gelbe Farbe bekommt; das bei diesen Versuchen sich ergebende Bouquet war zwar durchdringend scharf, allein auch unrein, und ließ den feinen Duft der Moselweine nicht mehr erkennen. Die Saarweine sind zwar durch besondere Zartheit, starken Duft, große Lieblichkeit und weniger Körper von den Moselweinen nicht unwesentlich unterschieden, allein sie sind nur in der Nähe, nicht aber auch in der Ferne, bekannt, und gehen im großen Handel auch unter der Bezeichnung Moselweine. In einer großen Stadt Norddeutschlands figurirte auf einer Weinkarte ein echter Scharzhofberger als „Moselscharzhofberger."

In gesundheitlicher Beziehung ist dem Moselwein nachzurühmen, daß er selbst nach kleinen Räuschchen die Nerven nicht angreift, sodaß man also physische Nachwehen kaum spürt, daß er ferner ein bekanntes Mittel gegen Stein- und Griesleiden ist, sowie daß er, mäßig genossen, den Appetit wesentlich anregen soll. Einen schrecklichen Fehler hat der Moselwein jedoch, der auch nicht zu beseitigen ist, und der heißt, „er lockelt," und man muß deshalb gar viel davon trinken, ehe man befriedigt ist und seinen Durst gestillt hat. Einen so bösen Fehler hat auch kein anderer Wein der Welt!

Die geschilderten Eigenschaften des Mosel- und Saarweines haben demselben durch die großen Anstrengungen der größeren Vertreter des zuverlässigen Weinhandels in der Neuzeit einen vorzüglichen Ruf begründet und dabei das Absatzgebiet desselben wesentlich vergrößert. Das jetzige Absatzgebiet der Moselweine kann jedoch noch wesentlich erweitert werden, und zwar vornehmlich nach Holland, Belgien, England, sowie Norddeutschland, wo noch heute gar viel geschmierter französischer Rothwein getrunken wird. Hoffen wir, daß unsere besseren Weinhandlungen in dieser Beziehung nicht erlahmen, und daß das so mühsam Errungene nicht wieder durch die Fässer der Weinfabrikanten in Frage gestellt wird!

Daß der guten Weinjahre so wenig sind, ist allerdings ein Unglück für die Mosel und Saar, und ein böses Uebel für den Weinhandel; es müssen die einzelnen guten Jahrgänge für die vielen geringen Jahrgänge entschädigen, und das hat in den letzten Jahren der 1893 er und 1895 er Mosel- und Saarwein redlich gethan, der sich bezüglich der Güte den besten Jahrgängen des Jahrhunderts anreiht. Aber der geringen Jahrgänge sind gar viele, und in solchen Jahrgängen haben die Weine meistens einen sehr großen Säuregehalt, wodurch sie für den allgemeinen Verbrauch vielfach ungenießbar werden; höchstens sind daraus noch brauchbare Schoppenweine herzustellen.

Wenn man die Absatzverhältnisse der Moselweine vor etwa 50 Jahren mit den heutigen Absatzverhältnissen vergleicht, so gewahrt man erst, welche Errungenschaften in dieser Beziehung heute vorliegen. Vor 40 Jahren hatte das Moselgebiet keine Eisenbahn-Verbindungen, lag vielmehr von dem Verkehr ganz abgeschlossen; lediglich eine Dampfschiffsverbindung bestand zwischen Trier und Coblenz, die aber kein rechtes Leben erringen konnte, da zu viel Unterbrechungen des Fahrwassers durch Eis und niedrigen Wasserstand, sowie auch die Länge der

Fahrt hindernd im Wege standen. Die Abfuhr der Weine geschah deshalb meistens per Schiff oder Nachen, war aber durch die Wasserverhältnisse des Flusses auch vielfach gehemmt. Größere Weingeschäfte an der Mosel gab es nur wenig, und diese bezogen ihren Bedarf an Weinen hauptsächlich aus der nächsten Umgebung. Deshalb war die Nachfrage und der Absatz von Weinen in den entlegenen Ortschaften sehr gering; kam ein Kaufliebhaber von auswärts, so konnte derselbe für sehr mäßige Preise recht viele und brauchbare Weine haben, denn die Winzer verkauften gar gerne, und es war wie ein kleines Fest in dem Orte, wenn sich ein bekannter Weinhändler sehen ließ und die Weine probte, da dann die Hoffnung auf endlichen Verkauf der Weine vorlag. Behagten die Weine und Preise dem Kaufliebhaber, so nahm er auch häufig davon eine ganze Nachenladung, und das gab dann auch ein ordentliches Loch in die Keller der Winzer. Aber zu welchen Preisen wurden damals die Weine abgegeben resp. mußten abgelassen werden, und doch hatte der Winzer noch die Moststeuer zu zahlen! Schreiber dieses weiß, daß damals ein Fuder brauchbarer 1851er Wein ohne Faß für sage Neun Thaler — verkauft worden ist; ebenso wurde ein Fuder 1848er Brauneberger aus guter Lage mit Faß zu fünfzig Thaler an eine Weinhandlung abgelassen. Das Geld war damals bei den Winzern äußerst knapp; sie darbten vielfach, und schlugen deshalb ihre Weine schnell los, sobald sich hierzu nur Gelegenheit bot. Wer diese traurigen Zeiten miterlebt hat, der wird sich nur mit Grauen derselben erinnern. Daß dabei der Moselwein in der Ferne keinen großen Ruf haben konnte, ist leicht zu verstehen; die Gasthöfe in den großen Städten des Unterrheines führten damals auf ihren Weinkarten nur 3 Sorten Moselweine auf, und zwar Zeltinger, Pisporter und Brauneberger, die zwar billig zu haben waren, aber schauderhaft sauer schmeckten, und in Norddeutschland war der Moselwein fast nur als Bowlenwein bekannt, den man sonst nicht trinken konnte. Mit den 60er Jahren hat sich bereits die Nachfrage nach Moselweinen gehoben, wozu die Trier'schen Weinversteigerungen mit den vorzüglichen Jahrgängen 1865 und 1868 hauptsächlich beigetragen haben. Aber das Moselgebiet war noch wenig zugänglich und nicht aufgeschlossen, weshalb von einem guten Absatz der Weine auch wenig verspürt wurde. Erst nach Fertigstellung der Eifel- und Mosel-Eisenbahn mit ihren Nebenbahnen wurde der Moselwein in den Weinorten stärker als bisher von fremden Kaufliebhabern aufgesucht und dadurch ein flotterer Absatz der Weine erzielt; allein der auswärtige Weinhandel gerieth auch in andere Bahnen, denn es wurden jetzt nicht mehr wie früher große Vorräthe auf einmal gekauft, sondern nur der augenblickliche Bedarf wurde genommen; bei fernerem Bedarf waren die Winzerorte ja gar bald wieder zu erreichen. Allerdings zwang dieses auch die großen Häuser des Weinhandels in der Moselgegend sich frühzeitig nicht allein ihren Bedarf, sondern auch größere Lager von besseren Weinen anzuschaffen, und das ist dann den Producenten wieder zu Gute gekommen. Der vermehrte Absatz und die stärkere Nachfrage trugen selbstredend auch zur Erhöhung der Weinpreise bei, und dadurch ist heute der fleißige Winzer so gestellt, daß er seine mühsamen Arbeiten belohnt sieht, und bei Sparsamkeit, ohne zu darben, einigermaßen menschlich leben kann.

Das Fuderfaß an der Mosel und Saar soll 960 Liter haben; bei dem Verkauf des Weines wird ein Mehr oder Minder an diesem Litermaaß in Anrechnung gebracht, es sei denn, daß das Faß so verkauft wird, wie es im Keller liegt; auf den Trier'schen Weinversteigerungen wird das Faß mit dem Weine stets so aufgeboten, wie es im Keller liegt, und findet deshalb keine Verrechnung des Mehr- oder Mindermaaßes statt. Winzergebrauch bei dem Verkauf des Weines ist, daß derselbe binnen 6 Wochen vom Tage des Verkaufes abgenommen und bezahlt werden muß; die Kellerthüre ist die Quittung, wie der Winzer sagt. Verkäufer hat für trüben Wein brauchbaren klaren Wein umsonst zu liefern; der Trubwein bleibt dagegen sein Eigenthum. Den Abstich des Weines hat der Käufer auf seine Kosten ausführen zu lassen, ebenso hat derselbe das Schroten des Weines und das Verbinden des Fasses mit hölzernen Reifen zu bezahlen. Mitunter werden bei dem Kaufe andere Bedingungen vereinbart; ist solches nicht geschehen, so wird nach Winzer-Gebrauch verfahren, der auch vor Gericht als gültig anerkannt wird. Der Weinhandel verkauft auch nach Hectoliter resp. nach Litermaaß; so kleine Mengen Weine sind bei dem Winzer selten zu haben.

Auf dem Kalkgebiete der Obermosel ist der Verkauf der Weine nach Hotten zu 40 Litern üblich; 24 Hotten bilden ein Fuder. Der Preis wird dort fast stets für die Hotte vereinbart, und zwar im preußischen Gebiete in Mark, im luxemburger Gebiet dagegen in Franken, trotzdem die Zahlung doch in deutschem Gelde geschieht.

Die Grundsteuer-Reinerträge betragen für Weinberge pro Morgen (4 Morgen = 1 Hektar):

Klassificationsbistrikt

		I.	II.	III.	IV.	V.	VI.	VII.	VIII.	Kl.
1.	„ Saarburg	78,0	60,0	42,0	24,0	15,0	0,90	0,45	0,30	M.
2.	„ Trier-Konz	60,0	42,0	30,0	21,0	15,0	10,5	0,45	0,15	„
3.	„ Stadt Trier	60,0	42,0	30,0	21,0	15,0	10,5	04,5	01,5	„
4.	„ Berncastel	78,0	60,0	42,0	24,0	15,0	10,5	06,0	03,0	„
5.	„ Wittlich	78,0	60,0	42,0	24,0	15,0	09,0	04,5	03,0	„
6.	„ Zell	42,0	36,0	30,0	21,0	15,0	09,0	04,5	01,5	„
7.	„ Cochem	36,0	30,0	24,0	18,0	12,0	07,5	04,5	01,5	„
8.	„ St. Goar	42,0	36,0	24,0	18,0	12,0	07,5	03,0	01,5	„
9.	„ Mayen	21,0	15,0	12,0	09,0	06,0	02,0	01,5	—	„
10.	„ Coblenz	48,0	36,0	30,0	24,0	15,0	07,5	04,5	01,5	„

event.:

11.	„ Merzig	24,0	18,0	12,0	07,5	04,5	01,5	—	—	„
12.	„ Saarlouis	24,0	18,0	12,0	10,5	07,5	04,5	01,5	—	„
13.	„ Saarbrücken	30,0	21,0	15,0	12,0	09,0	04,5	01,5	—	„

Aus dieser Tabelle ist wohl genügend ersichtlich, daß eine Bezeichnung der Klassen in der Karte durch Abtönung der Farben kein einheitliches Bild geben und deshalb auch keinen Zweck haben kann, ebenso muß eine Farbenabtönung für Gruppen, etwa 1. und 2. Klasse zusammen, 3., 4. und 5. Klasse zusammen, sowie 6., 7. und 8. Klasse zusammen, als zwecklos bezeichnet werden; solche würden nur dazu dienen, böse Irrthümer hervorzurufen. Dazu kommt noch, daß seit der Grundsteuer-Veranlagung im Jahre 1861/3 ganz wesentliche Veränderungen eingetreten sind, da in manchen Gemarkungen der Weinbau viel besser und sorgfältiger als früher betrieben wird, in Folge dessen die Weine großen Ruf

Koch, Mosel- und Saarweine.

und hohe Preise erlangt haben. Beispielsweise sind an der Saar eingeschätzt: die Gemarkungen

   Canzem zu IV —VIII. Klasse,
   Wawern „ IV.--VIII. „
   Ayl   „ IV.—VIII. „

und doch werden jetzt dort Weine erzeugt, welche zu den besten des Saargebiets zählen.

Bei Aufführung der einzelnen Weinorte sind daneben überall die Weinbergsklassen, wie solche bei der Grundsteuer-Einschätzung gebildet sind, angegeben worden, soweit es das preußische Gebiet betrifft. Für Luxemburg waren diese Einschätzungsklassen jedoch nicht zu beschaffen, aber dort wird der Weinbau fast durchweg auch nur auf Massenerzeugung betrieben und eine Angabe der Weinbergsklassen würde daher zwecklos gewesen sein. Ebenso verhält es sich mit der Angabe der hauptsächlichsten Weinbergsdistricte, welche auf der Karte von der Rheinprovinz ziemlich erschöpfend angegeben worden sind; für Luxemberg erschien eine solche Anführung der Districtsnamen bei dem dort eigenthümlichen Weinbau als überflüssig, da es sich daselbst nicht um Wein aus bestimmten Lagen, sondern lediglich um eine Massenerzeugung von Weinen handelt. Im Gebiete der unteren Mosel, woselbst es fast keine großen Weingüter giebt, sind da, wo Besitzer größerer Weinberge vorhanden sind, vielfach die Namen derselben angeführt; solches ist aber im Bereiche der mittleren Mosel und Saar aus dem Grunde unterblieben, weil dort neben Weingutsbesitzern noch eine Menge Besitzer von größeren Weinbergen vorhanden sind, deren Aufzählung unzweckmäßig erscheinen mußte, da solches zu Weitläufigkeiten geführt und

Zänkereien veranlaßt haben würde; hier sind lediglich die Besitzer g r ö ß e r e r Weingüter namhaft gemacht.

Die Karte, welche auch zweckmäßig als Reisekarte zu benutzen ist, zeigt nicht allein das ganze Weinbaugebiet an der Mosel und Saar, sondern auch die nächste Umgebung desselben mit den Eisenbahn- und Wegeverbindungen an; die Bahnhöfe sind darin überall eingetragen. Die Mosel-Dampfschiffahrts-Gesellschaft für die Linie Trier-Coblenz hat Anlegebrücken zu Trier, Berncastel, Trarbach, Alf, Zell, Cochem und Coblenz; fast an allen größeren Orten sind außerdem Kahnstationen eingerichtet, und überall, wo auf der Karte Fähren über die Mosel eingetragen sind, ist Gelegenheit zum Ein- und Aussteigen gegeben. Das Localdampfboot zwischen Trier und Berncastel verkehrt ebenfalls an jedem größeren Orte und unterhält bei starker Benutzung einen lebhaften Verkehr.

Heute läßt das Weingebiet an der Mosel und Saar, gegen früher, sich schon bequem bereisen*); der Touristenverkehr hebt sich von Jahr zu Jahr, und die schönen Uferlandschaften an beiden Seiten der Ströme stimmen mit ihrer Pracht zahlreiche Wanderer fröhlich. Gern genießen letztere an den herrlichen Gestaden einen Schoppen des würzigen Mosel- und Saarweines, der dadurch bekannter und in seinen vorzüglichen Eigenschaften immermehr gewürdigt wird; für diese Weine,

---

*) Ueber die Wanderungen und Fahrten in den herrlichen Thälern gibt genaueren Aufschluß der

Mosel- u. Saarführer. Die Thäler der Mosel und der Saar von Coblenz bis Metz und bis Saarbrücken mit 5 Karten, 4 Stadtplänen und 18 Bildern (IV, 188 und 26 Seiten.) Gebunden Preis M. 2.—. (Trier, Verlag von Heinr. Stephanus.)

für die Förderung seines Absatzes, sowie für Hebung des Weinbaues sind diese Worte geschrieben, und es wird erhofft, daß solche zum Wohle der biederen Bewohner des Mosel- und Saargebietes ein Körnlein beitragen werden. Wer die Mosel und Saar bereist und von ihrem Nektar geschlürft hat, der wird die Worte Geschers in seinem Moselweinlied verstehen, welche heißen:

„Nach der schönen Mosel hin
„Zieht mich immerfort mein Sinn;
„Ihre klare Fluth,
„Weckt mir frohen Muth,
„Und es schmeckt der Moselwein im Moselland so gut!"

Verzeichniß der Weinorte.
I. Das Gebiet der Saar.

Die Rebenbestände im Gebiete der Saar stocken nur auf Thonschieferboden; das Vorkommen des außerordentlich harten und der Verwitterung kaum unterworfenen sog. Beinigers, der in einzelnen Stellen in der Tiefe auftritt, bezeugt, daß bei der Bildung des Gebirges vulkanische Kräfte mitgewirkt haben, was auch bei der Steilheit vieler in den Seitenthälern gelegenen schroffen Einhänge leicht glaublich erscheint. Der Thonschieferboden ist dem Wuchs der Reben wenig günstig, denn die Rebstöcke bleiben verhältnißmäßig schwach, und das ist auch die Ursache, daß die Weinerträge sich nicht hoch stellen. Aber, wenn auch keine großen Mengen an Wein erzeugt werden, so ist die Güte desselben doch so vorzüglich, daß dadurch der Ausfall an der Menge mehr als doppelt erſetzt wird. Zur Erzeugung von vorzüglichen Weinen gehört jedoch nicht allein ein durchaus geeigneter Boden, ſowie eine ſonnige geſchützte Lage, ſondern auch ein zweckmäßiger Rebſatz, ſowie endlich eine gute Weinbergspflege. Als Rebſatz findet ſich vornehmlich und wohl zu etwa 80 %/₀ der Riesling vor, hauptſächlich in der grau-grünen Varietät, dem aber in der beſten Lage auch etwas Edelriesling beigemiſcht iſt. Elbling oder Kleinberger iſt faſt nur noch in den Weinbergen der kleineren Beſitzer vorhanden; in der Neuzeit iſt etwas Sylvaner mit Erfolg angepflanzt. — Der ſchwarze Burgunder wird nur in Cönen angebaut; derſelbe liefert wenig, aber hervorragenden Wein.

Ein großer Theil der Weinberge im Gebiete der Saar iſt in Händen größerer Producenten, und dadurch unterſcheidet der Weinbau an der Saar ſich weſentlich vom Weinbau an der Moſel, wo der Kleinbeſitz vorherrſchend iſt; aber dadurch iſt auch an der Saar eine möglichſt gute Weinbergspflege geſichert, denn der Weingutsbeſitzer baut faſt durchweg ſeine Weinberge weſentlich beſſer, als der kleine Mann. Der größte Theil der beſten Weinbergsanlagen befindet ſich in Seitenthälern hierhin gehören: der Bockſtein, Geisberg, Scharzhofberg, Scharzberg, Raul, Oberemmel, Euchariusberg, Wawerner-Herrenberger, Ayler Kupp, ſowie ein großer Theil der Gemarkung Wiltingen. In den Saarbergen ſelbſt liegen nur der Failſerberg bei Schoden und Theile der Wiltinger Gemarkung, namentlich mit dem Diſtrikt: Wiltinger Kupp, ſowie der größte Teil der Weinberge von Canzem. Das eigentliche Weinbaugebiet der Saar von Caſtel bis Commelingen liefert durchſchnittlich jährlich etwa 1600 Fuder Wein; der weitaus größte Theil dieſer

Weine geht nach Trier, wo der Verschleiß an Saarweinen gar groß ist und immermehr wächst. Dabei nehmen die Vertreter des Weinhandels in Trier, deren etwa 70 vorhanden sind, einen großen Theil der Crescenz weg, und so bleibt für den auswärtigen Handel fast nur das übrig, was in Trier zur Versteigerung gebracht wird, aber das ist mit 3—400 Fuder auch das Beste, was an der Saar producirt wird. An den Saarweinen lobt man besonders das Bouquet; dabei ist derselbe ein leichter Wein, meistens reintönig und nicht allzu sauer. Durch das starke Bouquet wird daneben die Säure vielfach so verdeckt, daß sie nicht besonders hervortritt. Dies gilt für die jetzt so viel begehrten lieblichen und süssigen Schoppenweine, nicht aber für bessere Weine. Für letztere geht die Kritik dahin, daß man sich daran **durstig trinkt**, daß die hochfeinen Saarweine die höchste Würze, das lieblichste Bouquet aller Weine haben, und daß so feinsüffige Weine von nicht zu großer Schwere sonst nirgends auf der Welt zu finden sind. Wer die besten 1893er Scharzhofberger, die Weine der Herren Koch zu Wiltingen, die Wawerner Herrenberger probirt hat, der kommt zu dem Schluß, daß da bezüglich noch besserer Weine alles aufhört, und daß diese Weine jeder Concurrenz, sei es von der Domaine im Rheingau, dem Johannisberg, Forst und Deidesheim 2c. in der Pfalz, die Stange halten. Die höchste Würze, das feinste Bouquet, die zarteste Milde, vereint mit Schmalzigkeit findet man bei diesen Weinen zusammen vereinigt, und von solchen Weinen sagt der Dichter mit Recht bei dem leeren Glase: „Da blühen auf dem Grunde, viel tausend Blümelein!" Freilich, 10,500 M. für ein Fuder ist auch keine Kleinigkeit, und

Durchschnittspreise für gut und schlecht bei den Weinen von Koch zu Wiltingen mit mehr als 6100 pro Fuder findet man auch nicht oft.

Der Versand der Weine aus dem Saargebiet nach Trier geschieht häufig per Achse, theils jedoch mittelst der Bahnlinie Trier-Saarbrücken. Per Schiff gehen nur wenig Weine ab, weil der Wasserstand der Saar vielfach ungünstig ist und nicht viele Saarschiffe zu haben sind.

Saar.

Castel (l.). Verkehrt mit Station Serrig der Bahn Trier—Saarbrücken. Größe der Weinbergsfläche: 4 Hectar, 4., 5. und 6. Klasse. Durchschnittlicher Jahresertrag an Wein: 12 Fuder. Weingut von M. Keller zu Staadt.
<small>Liebliche Mittelweine. In der Nähe die Klause.</small>

Serrig (r.). Station der Bahn Trier—Saarbrücken. Größe der Weinbaufläche: 9 Hectar, 5.--7. Klasse. Durchschnittlicher Jahresertrag an Wein: 30 Fuder. Wirthsh.: Weber. Lage: Saarsteiner. Weingut von M. Hansen sr., Trier.

Crutweiler (l.). Verkehrt mit den Eisenbahnstationen Serrig und Saarburg—Beurig der Linie Trier—Saarbrücken. Größe der Weinbergsfläche: 3 Hectar, 6.—7. Klasse. Durchschnittlicher Jahresertrag an Wein: 9 Fuder.

Saarburg (l.). Stadt. Station Saarburg—Beurig der Eisenbahnlinie Trier—Saarbrücken. Größe der Weinbergsfläche: 24 Hectar, 5.—7. Klasse. Durchschnittlicher Jahresertrag an Wein: 80 Fuder. Größere Weinbergsbesitzer: Gelz. Gasth.: Post bei Grim, Saarburger Hof.

Sehenswerth ist die schöne Ruine der Burg, und der Wasserfall innerhalb der Stadt.

Niederleuken (l.). Eisenbahn-Verkehr mit der Station Beurig. Größe der Weinbergsflächen: 24 Hectar, 5.—8. Klasse. Durchschnittlicher Jahresertrag: 80 Fuder Wein. Bessere Weinbergsdistrikte: Lay, Jungewald, Seifen, Kreuzberg, Altenberg. Wirthsh.: Kölling.

Beurig (r.). Station der Eisenbahn Trier—Saarbrücken. Größe der Weinbergsfläche: 6 Hectar, 5., 6. und 7. Klasse. Durchschnittlicher Jahresertrag: 16 Fuder Wein. Gasth.: zur Saar, Kropp, Werner.

Irsch (r). Eisenbahn-Verkehr mit der Station Beurig. Größe der Weinbergsfläche: 11 Hectar, 6. und 7. Klasse. Durchschnittlicher Jahresertrag: 36 Fuder Wein. Nebenlage, aber mit lieblichen, bouquetreichen Weinen. Bessere Lage: Fröhnert, Scharfenberg.

Ockfen (r.). Renommirter Weinort. Verkehrt mit der Eisenbahnstation Beurig und der Haltestelle Schoden. Größe der Weinbergsflächen: 41 Hectar, 4.—8. Klasse; ca. 8 Hectar weitere Flächen sind im Neubau begriffen, worunter auch die fiskalische Anlage Heppestein. Durchschnittlicher Jahresertrag an Wein: 120 Fuder. Hervorragende Lagen: Bockstein, Geisberg, Neuwiese, der fiskalische Weinberg

Heppeſtein. Größere Weingutsbeſitzer: Kerkhof, Gebert, Wittwe Rheinart, Orth, Ww. Amlinger.

Schoden (r.). Halteſtelle. Für Güter erfolgt der Verkehr mit der Station Beurig der Linie Trier—Saarbrücken. Größe der Weinbergsflächen ca. 16 Hectar, 3.—8. Klaſſe. Durchſchnittlicher Jahresertrag an Wein: 50 Fuder. Beſſere Lagen: der Neuberg, Herrnberg, Failſer. Größerer Weingutsbeſitzer: Ww. Rheinart. Wirthſh.: Biedinger-Konz.

Biebelhausen (l.). Verkehrt mit den Eiſenbahnſtationen Wiltingen und Beurig. Größe der Weinbaufläche: 5 Hectar, 5.—8. Klaſſe. Durchſchnittlicher Jahresertrag: 16 Fuder Wein. Gaſth.: Reinert.

<small>Lieblicher, angenehmer Wein.</small>

Ayl (l.). Verkehrt mit den Eiſenbahnſtationen Wiltingen und Beurig. Größe der Weinbaufläche: 30 Hectar, 4.—8. Klaſſe. Durchſchnittlicher Jahresertrag an Wein: 100 Fuder. Beſſere Lagen: Ayler Herrenberg, Neuberg, Kupp. Größere Weingutsbeſitzer: Das Görz'ſche Beſitzthum. Gaſth.: Fiſcher, Maximini.

Wiltingen (r.) mit Scharzhof. Hervorragender Weinort. Station der Eiſenbahn Trier—Saarbrücken. Größe der Weinbergsfläche ca. 102 Hectar, 1.—8. Klaſſe. Es ſind größere Neuanlagen auf Oed- und Ackerland in Ausführung begriffen. Durchſchnittlicher Jahresertrag an Wein ca. 330 Fuder. Beſſere Lagen: Der Scharzhofberg, Scharzberg, Kupp, Kelterburg, Faſel, Dohr, Volz, Huesgensberg. Größere

Weingüter: Müller zu Scharzhof, Koch zu Willingen, der Dom zu Trier, das Gräflich von Kesselstatt'sche Majorat, Vanvolxem zu Trier, A. Huesgen zu Trarbach, Juda zu Bitburg, Reichsgraf von Hoensbroich zu Geldern, Seminar zu Trier, Rautenstrauch, O. von Nell. Gasth.: Jung.

In guten Weinjahren liefert der Scharzhofberg und Willingen Weine von so vorzüglicher Qualität, wie solche in Deutschland wohl nur noch höchst selten gefunden werden, namentlich ist das Bouquet unnachahmlich fein. 1893 er kam das theuerste Fuder Schanzhofberger 10 500 M.; der Durchschnittpreis für 93 er betrug 5641 M. pro Fuder. Geschwister Koch zu Willingen erzielten für 93 er 6199 M. pro Fuder.

Canzem (l.). Guter Weinort. Haltestelle der Eisenbahn Trier—Saarbrücken. Größe der Weinbergsfläche: 38 Hectar, 4.—8. Klasse. Durchschnittsertrag pro Jahr an Wein: 115 Fuder. Weinbergsdistrikte: Härder, Canzemerberg, Sandberg, Sonnenberg. Größere Weingüter: Das Seminar zu Trier, das Hospital zu Trier, Frau Wittwe Weißebach, Rautenstrauch und Patheiger zu Trier.

Liebliche kräftige Weine; der Ruf des Weinortes ist im Zunehmen begriffen.

Wawern (l.). Verkehrt mit den Eisenbahnstationen Conz und der Haltestelle Canzem. Größe der Weinbergsflächen: 30 Hectar, 4.—8. Klasse. Durchschnittlicher Jahresertrag an Wein: 100 Fuder. Bessere Lage: Herrenberg. Weingutsbesitzer: Jacob Linz zu Trier.

Die Weine von dem Linz'schen Gute gehören mit zu den ersten Marken.

Hamm (r.). Verkehrt mit der Haltestelle Canzem und Station Conz. Größe der Weinbergsfläche: 4 Hectar, 4.—7. Klasse. Durchschnittlicher Jahresertrag: 11 Fuder Wein.

Cönen (l.). Verkehrt mit der Eisenbahnstation Conz. Größe der Weinbergsfläche: 14 Hectar, 4.—7. Klasse. Etwa die Hälfte der Fläche ist mit schwarzem Burgunder bestanden, der jedoch nur schwach trägt. Durchschnittlicher Jahresertrag: 15 Fuder Rothwein, dessen Qualität gerühmt wird, und 20 Fuder Weißwein. Bessere Lage: Nonnenberg, Schabberg. Weingutsbesitzer: Ww. Gensterblum zu Trier. Wirthsh.: Greif.

Filzen (r.). Verkehrt mit der Eisenbahnstation Conz. Größe der Weinbergsfläche: 19 Hectar, 4.—7. Klasse. Durchschnittlicher Jahresertrag: 65 Fuder Wein. Weinbergsdistricte: Vogelsberg, Schweinsberg, hinterm Dorf, an der Kehr. Weingutsbesitzer: Reverchon, Piedmont, beide in Trier.

Oberemmel (r.). Guter Weinort. Verkehrt mit der Eisenbahnstation Witlingen. Größe der Weinbergsfläche: 70 Hectar, 1.—7. Klasse. Durchschnittlicher Jahresertrag an Wein: 200 Fuder. Bessere Lagen: Rosenberg, Agritiusberg, Raulerberg, Eltzerberg, Lautersberg, Junkersberg, Schock, Hütte. Weingüter: Wb. Grach zu Trier und das Gräflich von Kesselstatt'sche Majorat. Seitenlage. Gasth.: Sebastiani.

Der Oberemmeler Wein zählt zu den beliebten Marken, da er bouquetreich und doch voll ist.

Pellingen (r.) Nebenlage. Verkehrt mit Station Willingen und Trier. Größe der Weinbaufläche: 6 Hectar, 3. bis 5. Klasse. Durchschnittlicher Jahresertrag an Wein: 14 Fuder.

Crettnach (r.). Verkehrt mit den Eisenbahnstationen Conz und Trier. Größe der Weinbergsfläche: 24 Hectar, 2.—7. Klasse. Durchschnittsertrag pro Jahr an Wein: 70 Fuder. Weingutsbesitzer: Erben Tobias zu Trier.
Ein lieblicher, nicht schwerer Wein.

Ober- und Niedermennig (r.) Verkehrt mit den Eisenbahnstationen Conz und Trier. Größe der alten Weinbergsfläche: 17 Hectar, 3.—7. Klasse. Neuanlagen sind in der Größe von 4 Hectar erfolgt. Durchschnittsertrag pro Jahr an Wein: 48 Fuder. Bessere Lagen: Euchariusberg, Zuckerberg, Schock, Sonnenberg. Weingutsbesitzer: Das Gräflich von Kesselstatt'sche Majorat, Simon zu Roscheiderhof. Nebenlage.
Sehr süffige, leichte Weine mit vielem Bouquet.

Commelingen (r.), Nebenlage. Verkehrt mit den Eisenbahnstationen Conz. Größe der Weinbergsfläche: 2 Hectar, 6. Klasse. Ertrag an Wein durchschnittlich pro Jahr: 5 Fuder.

An der oberen Saar liegen noch eine Menge Orte, welche etwas Weinbau haben, der aber für den Weinhandel umsoweniger in Betracht kommt, als derselbe nur kümmerlich betrieben wird. Es sind dieses

I. im Kreise Merzig die Orte:

Bedingen mit 0,8 Hectar Weinbergsfläche
Beßeringen „ 2,5 „ „
Bietzen „ 1,5 „ „
Brotdorf „ 0,6 „ „
Haustadt „ 1,3 „ „
Hilbringen „ 0,5 „ „
Lockweiler „ 0,2 „ „
Menningen „ 3,2 „ „
Rissenthal „ 0,4 „ „ und
Merzig „ 22,0 „ „

Sa. 33,0 Hectar.

Der größte Theil dieser Weinbergsflächen ist mit Trauben für Weißwein bestanden; es sind jedoch auch stellenweise schwarzer Burgunder, Pinot und andere Rothweintrauben angebaut.

Der Weinertrag dieser Flächen durchschnittlich im Jahr wird etwa 60 Fuder Weißwein und 6 Fuder Rothwein sein, welche hauptsächlich für den örtlichen Verbrauch dienstbar sind.

II. im Kreise Saarlouis die Orte:

St. Barbe mit 4,6 Hectar Weinbergsfläche,
Berus „ 5,8 „ „
Büren „ 1,2 „ „
Großhemmersdorf „ 22,5 „ „
Ihn „ 13,6 „ „
Körperich-Hemmersdorf 3,3 „ „

Zu übertragen 51,0 Hectar.

Transport 51,0 Hectar.

Leidingen	mit 3,0 Hectar Weinbergsfläche,	
Niedaltdorf	„ 13,2 „	„
Niederlimburg	„ 2,4 „	„
Rommelfangen	„ 4,7 „	„
Siersdorf	„ 5,7 „	„

Sa. 80,0 Hectar.

Die Hälfte dieser Fläche dient dem Weißweinbau, die andere Hälfte dem Rothweinbau. Der Ertrag wird ca. 80 Fuder Weißwein und 60 Fuder Rothwein betragen; ein Theil der Trauben wird direct benutzt und zu Markte gebracht. Auch hier ist von einem Weinhandel im Ganzen keine Rede; der Weinertrag dient zur Deckung des Bedarfes der Umgegend, abgesehen von einigen Besitzern, die solchen an Private und Freunde ꝛc. abgeben.

III. im Kreise Saarbrücken die Orte:

St. Arnual	mit 6,7 Hectar Weinbergsfläche,	
Auersmachern	„ 1,0 „	„
Bliesransbach	„ 3,2 „	„
Bübingen	„ 0,1 „	„
Kleinblittersdorf	„ 13,0 „	„
Rilchingen und Hanweiler	„ 3,3 „	„
Saarbrücken	„ 0,3 „	„

Sa. 27,60 Hectar.

Der Rebsatz ist hier meistens für die Production von Rothweinen eingerichtet, weshalb Frühburgunder, schwarzer Burgunder, Pinot und Portugieser sich angebaut vorfinden. Der durchschnittliche Weinertrag im

Jahr wird sich auf ca. 45 Fuder Rothwein und 10 Fuder Weißwein beziffern, die beide selten Gegenstand des Handels sind, sondern dem örtlichen Verbrauch dienen. Von einzelnen Besitzern erfolgt der Verkauf der Weine an Private ꝛc.

II. Das Weingebiet der mittleren Mosel von der Mündung der Saar bis Enkirch.

> Moselfee! Hast einem Zecher
> Einmal nur du dich ergeben,
> Lockt und lockelt ihn dein Becher
> Fort und fort durch's ganze Leben!
>   Dr. Blumberger.

Das Gebiet der mittleren Mosel ist das wichtigste Glied der Moselweinproduction, nicht weil es die größte Fläche umfaßt, sondern weil es die edelsten Weine erzeugt. Hier wachsen der Thiergärtner, Grünhäuser-Herrenberger, Karthäuserhofberger, Caseler, Throner, Pisporter, Niederemmeler, Neuberger, Oligsberger, Paulinsberger, Brauneberger, Liesererniederberger, Berncastler mit seinem Doctor, Graacher mit Josephshöfer, Zeltinger-Schloßberger, Erdener, Trarbacher-Schloßberger, Ungsberger und Stephansberger, alles Weine I. Ranges, und unzählige Weine II. Ranges, die sich in der Welt schon einen vorzüglichen Ruf verschafft haben. Mit wenig Ausnahme stocken die Weinberge dieses Moselgebietes auf Thonschiefer, der kräftiger als der Saarthonschiefer ist, weshalb die Rebe darin auch besser und üppiger gedeiht und größere Erträge liefert. Zu etwa 75 % besteht der Rebsatz aus Riesling, und zwar ist es sowohl der graugrüne als der rothstielige Riesling, welcher angebaut ist. Der Edelriesling, welcher äußerst sparsam trägt, ist nur noch wenig vertreten. In allen besseren Lagen wird bei einem Neubau nur noch Riesling gepflanzt. Neben dem Kleinberger oder Elbling, der sich in Nebenlagen und am Fuße der Berge bis dahin noch behauptet aber langsam durch den Riesling ersetzt wird, ist nur noch etwas Sylvaner, welcher in der letzten Zeit eingeführt worden ist, zu finden. Stellenweise ist auch noch weißer Burgunder zu sehen, der zwar guten Wein giebt, aber sehr wenig trägt. Als Trauben für Rothwein ist der schwarze Burgunder sowie der blaue Frühburgunder und Portugieser angebaut, jedoch außer in Maring, Noviand sowie Uerzig, wo größere Bestände vorhanden sind, meistens nur einzeln oder in kleinen Gruppen.

Die Erziehung der Rebe geschieht an Pfählen; es werden recht viel Büglinge gestellt, was nicht immer zum Vortheil der Güte des Weines ist, — aber die Weinmenge wird dadurch erhöht, und darauf sieht der kleinere Winzer sehr. Auf den Weingütern wird der Bau möglichst gut betrieben und dabei wird nichts gespart, wenn es zum Wohle des Weinberges dient, und wenn dadurch die Güte des Weines sich verbessern und erhöhen läßt. Hier ist meistens auch eine vernünftige Traubenlese eingeführt, wobei mehrfach durchgelesen wird, damit nur gleich-reife und gleich-gute Trauben zu-

sammen auf die Kelter kommen. An ganz feine und
sorgfältige Beerenlese 2c. sind die Besitzer aber noch
nicht gewöhnt, und hier ist noch ein Punkt, wo zur
Erhöhung der Güte des Weines ein kräftiger Hebel
angesetzt werden kann. Es ist zwar fraglich, ob diejenigen Besitzer, welche zugleich Weinhandel betreiben,
bei dem sehr fein ausgeführten Traubenlesen ihre Rechnung
finden; auf den reinen Weingütern ist solches aber sicher
der Fall, denn durch die Herstellung möglichst feiner
Weine wird nicht allein der Geldwerth derselben erhöht,
sondern auch die mittleren Weine solcher Güter werden
höher bezahlt, da die Vertreter des Weinhandels
schließen und aus Erfahrung wissen, daß auch die
weniger großen Weine in Folge sorgfältiger Lese im
Fasse wachsen und somit auch einen größeren Handels-
werth haben. Die Ergebnisse der Weinversteigerungen
zeigen solches deutlich an. Fast alle Besitzer der größeren
Weingüter in diesem Gebiet verwerthen ihre Weine
durch Versteigerungen in Trier, die alljährlich im
März—April daselbst stattfinden. Diese Weinverstei=
gerungen, auf welchen das Beste, was die Mosel und
Saar erzeugt, auf den Markt gebracht und ausgeboten
wird, erfreuen sich bereits eines großen und guten Rufes,
und solche sind auch nicht zum kleinsten Theile die Ursache, daß die Kenntniß von den vorzüglichen Eigenschaften dieser Weine sich in den letzten Jahren gar
schnell verbreitet hat. Daß der sehr eifrige und nimmer
rastende Weinhandel an der Mosel den größten Antheil
an der Eroberung des weiteren Absatzgebietes für die
Mosel- und Saarweine hat, soll rühmend anerkannt und
nichts weniger als verschwiegen werden, aber die größere
und bessere Kenntniß von den vortrefflichen Eigenschaf-

ten der feinsten Mosel- und Saarweine ist hauptsächlich
den alljährlichen Weinversteigerungen zu Trier zuzuschreiben. Auf letzterem zeigen auch die Preise, daß
man die Waare zu schätzen weiß; selbst 12,750 Mk per
Fuder wurden für 93er Grünhäuser Herrenberger angelegt.

Der Versand der Weine erfolgt bei einzelnen
Fudern meistens per Eisenbahn oder per Dampfschiff.
Die Moseleisenbahn mit ihren vielen Stationen, sowie
die Nebenbahnen Berncastel—Wengerohr, Wengerohr—
Wittlich und Pünderich—Traben sind hier dienstbar;
die Moseldampfschifffahrt-Actiengesellschaft, sowie auch
die Moseldampfschiffe von Scheid auf der Strecke Berncastel—Trier laden auf Brückenstationen auch Weine in
Fudern ein. Größere Quantitäten werden moselabwärts
jedoch vielfach durch Kähne und Moselschiffe versandt,
da solches billiger und sicherer ist, und der Wein dabei
auch weniger beunruhigt wird.

**Von der Mündung der Saar moselabwärts bis
Trarbach.**

Conz (r). Thonschieferboden. Station der Eisenbahnen
Trier—Saarbrücken und Conz—Ehrang. Größe der
Weinbergsfläche: 56 Hectar, 4.—8. Classe. Durchschnittlicher Jahresertrag: 230 Fuder. Weinbergslagen: Brauneberg, Kehr, Zuderberg. Gasth.:
Tennewqld, Gläser, Pütz.

Merzlioh (r). Thonschieferboden. Station Karthaus der

Trier—Metzer und Trier—Saarbrücker, sowie der Trier—Luxemburger Bahn. Größe der Weinbergsfläche: 12 Hectar, 5.—7. Classe. Durchschnittlicher Jahresertrag an Wein: 40 Fuder. Gasth.: Zum Bahnhof.

Euren (l.). Lehm und Buntsandstein. Haltestelle der Bahn Conz—Ehrang resp. Station Trier l. M. Größe der Weinbergsfläche: 2 Hectar, 6. Classe. Durchschnittsertrag per Jahr an Wein: 7 Fuder. Nebenberge. Wirtshh.: Heß, Haag, Schiff.

St. Mathias (r.). Thonschiefer. Verkehrt mit Station Trier. Größe der Weinbergsfläche: 26 Hectar, 1.—8. Classe. Durchschnittlicher Ertrag an Wein per Jahr: 80 Fuder, worunter etwas Rothwein. Bessere Lagen: Der Thiergärtner, Chamotte. Weingutsbesitzer: Dr. O. von Nell. Rest.: Wischet.

Der Thiergärtner ist ein in der Welt wohlbekannter Wein, welcher namentlich im bergischen Land viel getrunken wird.]

Heiligkreuz (r.). Thonschiefer. Verkehrt mit Station Trier. Ist keine Gemeinde. Größe der Weinbergsfläche: 2 Hectar, 5.—6. Klasse. Durchschnittlicher Ertrag per Jahr an Wein: 7 Fuder, worunter etwas Rothwein.

Trier (r.). Thonschiefer. Station der Bahnen Coblenz—Metz, Köln—Saarbrücken, Trier—Luxemburg, Conz-Ehrang, Trier-Türkismühle. Größe der Weinbergsfläche: 20 Hectar, 2.—7. Klasse. Ertrag an Wein im Durchschnitt per Jahr: 65 Fuder, wovon etwa 5 Fuder Rothwein. Neben Riesling werden Elbling, Ruländer, Sylvaner, Portugieser und schwarzer Burgunder angebaut. Weinbergslagen: Pichter, Am Amphitheater, Irminen. Ganz bedeutender Weinhandel durch etwa 70 Geschäfte. Gasth.: Trier'scher Hof, „Zur Porta nigra", Venedig, Rothes Haus, Post, Luxemburger Hof, Anker, Bahnhofshotel, Rheinischer Hof. Rest.: Domschenke, Fischer, Kaiserhof, Franziskaner, Grube 2c.

Sehr sehenswerthe römische Alterthümer: Porta nigra, Kaiserpalast, Amphitheater, Römische Bäder 2c.

Olewig (r.). Thonschiefer. Verkehrt mit der Eisenbahnstation Trier. Größe der Weinbergsfläche: 32 Hectar, 2.—8. Klasse. Ertrag an Wein per Jahr im Durchschnitt: 100 Fuder, worunter etwa 6 Fuder Rothwein. Weingutsbes. von Zaudt; Zeimet. Weinbergslagen: Neuberg, Vollmühl, Retzgrub, Geisberg. Rest.: Zeimet.

Kürenz (r.). Thonschieferboden. Verkehrt mit der Eisenbahnstation Trier. Größe der Weinbergsfläche: 32 Hectar, 2.—8. Klasse. Jahresertrag an Wein im Durchschnitt: 100 Fuder. Weinbergslagen: Abelsbach, Herrenberg, in Vogelgesang, Gutsberg. Weingutsbesitzer: E. Servais; Thanisch, Seminar, Dom.

In guten Weinjahren ist dieser Wein zart und bouquettreich.

In Seitenthälern bei Trier liegen auf dem rechten Moselufer die Orte **Kernscheid, Irsch, Filsch**, sowie im Ruwerthale die Orte **Corlingen** und **Sommerau**, welche noch etwas aber theils kümmerlichen Weinbau

betreiben, auf ca. 25 Hectar Fläche, 2.—7. Klasse
Der Durchschnittsertrag an Wein per Jahr wird
50 Fuder nicht übersteigen.

Pfalzel (l.). Buntsandstein. Größe der Weinbergsfläche:
3,4 Hectar, 3., 4. und 5. Klasse. Durchschnittsertrag
per Jahr an Wein: ca. 15 Fuder. Der Distrikt
Augenscheiner, welcher den größten Theil der Weinbergsfläche umfaßt, gehört dem Hospital zu Trier.
Weingutsbesitzer: Hospital zu Trier.

Ruwer-Maximin (r.). Station Ruwer der Bahn Trier—
Türkismühle. Größe der Weinbergsfläche: 12 Hectar,
6.—8. Klasse. Durchschnittsertrag per Jahr an Wein:
ca. 35 Fuder, worunter etwas Rothwein. Weinbergslage: Am Ruwererberg. Gasth.: Oberhoffer, Corbel.

Ruwer-Paulin (r.). Station Ruwer der Bahn Trier—
Türkismühle. Größe der Weinbergsflächen: 2,5 Hectar, 6.—7. Klasse. Durchschnittsertrag per Jahr
an Wein: 7 Fuder. Weinbergslagen: Rothenberg,
an der Mühle. Gasth.: Longen, Mertesdorf.

Eitelsbach (r.) im Ruwerthal. Verkehrt mit der Station
Ruwer der Bahn Trier—Türkismühle. Größe der
Weinbergsfläche: 27 Hectar, 1.—6. Klasse. Durchschnittsertrag an Wein per Jahr: 90 Fuder. Weingutsbesitzerin: Wwe. W. Rautenbach zu Eitelsbach,
welche in dem großen Karthäuserhofberge vorzügliche Bouquetweine producirt, Convict Trier.
Wirthsh.: Herres.

Mertesdorf im Ruwerthal. Verkehrt mit der Station
Ruwer und der Haltestelle Grünhaus der Bahn

Trier—Türkismühle. Größe der Weinbaufläche: 40 Hectar, 1.—7. Klasse. Durchschnittsertrag an Wein per Jahr: 130 Fuder. Das Rittergut Grünhaus, dem Freiherrn von Sturm zu Halberg gehörig, hat allein mehr als 10 Hectar Fläche, und zählt dessen Crescenz zu den besten Weinen des Mosellandes. Weinberglagen: in Lorenz, Grünhäuserberg. Weingutsbesitzer: von Stumm, Ww. Nau, Erben Tobias, Erben Rheinart, Convict-Trier. Das theuerste Fuder 93er Maximin-Grünhäuser kostete 12,750 Mk., der Durchschnittspreis der 93er betrug 5,840 Mk. Wirthsh.: Holrücker.

Casel im Ruwerthale. Station der Bahn Trier—Türkismühle. Größe der Weinbergsfläche: 46 Hectar, 1.—7. Klasse, ca. 10 Hectar, bisher Lohhecken, sind in Neuanlage (Kohlberg) begriffen. Durchschnittlicher Jahresertrag an Wein ca. 130 Fuder, worunter ca. 2 Fuder Rothwein. Weinbergslagen: Hitzley, Taubenberg, Pichter, Koleles, Höcht, Herrenberg, Kehrnagel, Nißchen, Sämer, Erbesbeck, am Waldcacherweg, Paulinsberg, Timpert. Weingutsbesitzer: Gräflich von Kesselstattsches Majorat, Erben Rheinart, Vanvolxem, Patheiger, von Beulwitz, v. Nell, Scherer. Wirthsh.: Casel.

Waldrach im Ruwerthale. Station der Bahn Trier—Türkismühle. Größe der Weinbergsfläche: 31 Hectar 2.—7. Klasse. Durchschnittlicher Jahresertrag an Wein: 85 Fuder. Die Weinbergsfläche ist in Folge von Neuanlage in Zunahme begriffen. Weinbergslage: Waldrachenberg. Gasth.: Tillmany, Raach.

Ehrang (l.). Buntsandstein. Eisenbahnstation der Linien Trier—Köln, Trier—Coblenz und Ehrang—Conz. Größe der Weinbergsfläche: 1,5 Hectar, 7. Klasse. Jahresertrag im Durchschnitt: 3 Fuder Wein. Geringer Bau in sehr kleinen Parzellen. Gasthaus: Umbach, Zender.

Kenn (r.). Thonschiefer. Verkehrt mit der Eisenbahnstation Ruwer. Größe der Weinbergsfläche: 26 Hectar, 5.—8. Klasse. Jahresertrag im Durchschnitt: 70 Fuder Wein. Geringer Bau in einer Nebenlage. Weinbergslagen: Held, Kennerberg. Wirthsh.: Schneider.

Schweich (l.). Thonschiefer. Station der Eisenbahn Trier—Coblenz. Kahnstation. Größe der Weinbergsfläche: 66 Hectar, 2.—8. Klasse. Jahresertrag an Wein im Durchschnitt: 200 Fuder. Weinbergslagen: Jacobsberg, Herrenberg, Annaberg, Mariapichter, Pleinpichter, Schönertsberg. Gasth.: Johäntges, Dany, Denhardt.

Longuich (r.) mit Kirsch und Fastrau. Verkehrt mit der Eisenbahnstation Schweich der Linie Trier—Coblenz. Kahnstation. Größe der Weinbergsfläche: 27 Hectar, 2.—7. Klasse. Durchschnittsertrag an Wein per Jahr: 110 Fuder. Weinbergslagen: Probstberg, Kuhberg, am Graben, Hirschberg und Jacobsberg. Gasth.: Sonntag, Rummel, Hoff.
Gesuchte Schoppen- und Mittelweine.

Fell (r.). Seitenlage. (Ober- und Niederfell). Verkehrt mit der Eisenbahnstation Schweich der Linie Trier—Coblenz. Größe der Weinbergsfläche: 27 Hectar. 4.—7. Klasse. Durchschnittsertrag per Jahr an Wein ca. 85 Fuder. Weinbergslagen: Nieder-Fellerberg, Mittelsteberg, Scheid, unter Burgberg, Acht, ober Burgberg. Gasth.: Sebastian.

Longen (l.). Verkehrt mit der Eisenbahnstation Schweich. Größe der Weinbergsfläche: 8 Hectar, mit 2.—6. Klasse. Durchschnittsertrag per Jahr an Wein: 40 Fuder. Weinbergslagen: vorm Holz, Pichtern.

Lörsch (l.). Verkehrt mit der Eisenbahnstation Schweich. Größe der Weinbergsfläche: 28 Hector, 2—7. Klasse. Durchschnittsertrag per Jahr an Wein: 120 Fuder. Weinbergslagen: Schilltopf, Kuse, Nonnengarten, Läverle.

Mehring (l.). Verkehrt mit der Eisenbahnstation Schweich. Kahnstation. Größe der Weinbergsfläche: 57 Hectar, 3.—8. Klasse. Durchschnittlicher Weinertrag per Jahr: 230 Fuder. Weinbergslagen: Zellerberg, Plattenberg, Layert, Pichtern, Hoxlay, Federberg, Rundschimmel, Graben, Ortsberg und Neuenweg. Größere Weinbergsbesitzer: Gymnasium zu Trier. Gasth.: Zur Post bei Weiler.

Pölich (l.). Verkehrt mit der Eisenbahnstation Schweich der Bahn Trier-Coblenz. Größe der Weinbaufläche: 11 Hectar, 4.—8. Klasse. Durchschnittlicher Ertrag an Wein per Jahr: 45 Fuder. Weinbergslagen: Lay, Kamperberg, Pölicherberg, Pichtern, hinter Wörth, Held.

Schleich (l.). Verkehrt mit der Eisenbahnstation Schweich der Bahn Trier—Coblenz. Größe der

Weinbergfläche: 9 Hectar, 6.—8. Klasse. Durchschnittsertrag an Wein per Jahr: 35 Fuder. Weinbergslagen: Flußberg, Corbel.

Detzem (r.). Verkehrt mit der Eisenbahnstation Schweich der Bahn Trier—Coblenz. Kahnstation. Größe der Weinbaufläche: 26 Hectar, 4.—7. Klasse. Durchschnittlicher Jahresertrag an Wein: 100 Fuder. Weinbergslagen: Kirchenberg, Nensberg, Kirchel, Bödensen, Lay, vorderste Berg. Gasth.: Köwerich.

<small>Leichte, sehr süffige und liebliche Weine in guten Jahren.</small>

Ensch (r.). Verkehrt mit den Stationen Schweich und Hetzrath der Bahn Trier—Coblenz. Größe der Weinbaufläche: 32 Hectar, 5.—8. Klasse. Durchschnittsertrag pro Jahr an Wein: 110 Fuder. Weinbergslagen: Küchenberg, Neuenweg, Obelsborn, Mühlenberg, Gerst. Gasth.: Regnery, Bläsius.

<small>Volle, etwas schwere Weine.</small>

Thörnich (l.). Guter Weinort. Verkehrt mit den Stationen Schweich und Hetzerath der Bahn Trier—Coblenz. Größe der Weinbaufläche: 15 Hectar, 3.—7. Klasse. Durchschnittlicher Jahresertrag an Wein: 55 Fuder. Weinbergslage: Rütsch, Neuberg, Engaß, Schießlay, Gerst. Weingutsbes.: Pfarrgut.

<small>In guten Jahren hat der Wein vorzügliches Bouquet und ist doch dabei voll und kräftig.</small>

Becond (r.) liegt auf Bergeshöhe. Verkehrt mit den Stationen Hetzerath und Schweich der Linie Trier—

Coblenz. Größe der Weinbergsfläche: 3 Hectar, 5. und 6. Klasse. Durchschnittsertrag an Wein per Jahr: 9 Fuder. Gasth.: Parten.

In guten Jahren sehr liebliche Weine.

Clüsserath (l.). Verkehrt mit der Eisenbahnstation Hetzerath der Linie Trier—Coblenz. Kahnstation. Größe der Weinbergsfläche: 85 Hectar, 2.—8. Klasse. Ertrag an Wein durchschnittlich per Jahr: 350 Fuder. Weingutsbesitzer: Gebert. Weinbergslagen: Unter dem Dorf, Langenberg, Clares, Klüppelthal, Konigster, Ebelslay, Höhl, Landenberg. Gasth.: Schmitt.

Köwerich (r.). Verkehrt mit der Eisenbahnstation Hetzerath der Linie Trier — Coblenz. Größe der Weinbergsfläche: 22 Hectar, 4.—8. Klasse. Ertrag an Wein durchschnittlich per Jahr: 80 Fuder. Weinbergslagen: Wies, vor Wien, Held, Wiesrech, Gegen dem Dorf.

In guten Jahren ist der Wein voll, kräftig und bouquetreich.

Lelwen (r.). Verkehrt mit der Eisenbahnstation Hetzrath. Kahnstation. Größe der Weinbergsfläche: 53 Hectar 4.—8. Klasse. Durchschnittsertrag an Wein per Jahr: 220 Fuder. Weinbergslagen: Bescheid, Ober dem Dorf, Ferget, Leyesberg, Kampel, Unterberg. Gasth.: Wb. Herres.

In guten Jahren ein zarter, lieblicher und gesuchter Wein.

Trittenheim (l.). Verkehrt mit der Eisenbahnstation Hetzrath. Kahnstation. Größe der Weinbaufläche:

91 Hectar, 2.—8. Klasse. Durchschnittlicher Jahresertrag an Wein: 350 Fuder. Weinbergslagen: Laurentiusberg, Olk, Peil, Fahr, Galgenberg, Falkenberg. Weingutsbesitzer: Gymnasium Trier, Seminar Trier. Gasth.: Lorenz, Fassian.

Neumagen (r.). Verkehrt mit der Eisenbahnstation Hetzrath. Kahnstation. Größe der Weinbergsfläche: 66 Hectar mit 3.—8. Klasse. Durchschnittsertrag per Jahr an Wein: 260 Fuder. Weinbergslagen: Thierbach, Engelgrub, Layberg, Hambuch, Wispelt, Eller, Held, Weierbach, Hofberg, Lichtenberg, Hengelberg, unter der verbotenen Heck. Ziemlicher Weinhandel. Gasthaus: Neumagener Hof (G. Kessner), Clerren, Hoffmann.

Thron (r.). (Thron). Verkehrt mit der Eisenbahnstation Hetzrath. Größe der Weinbergsfläche: 79 Hectar, 2.—8. Klasse. Weinbergslagen: Großwingert, Grundklaricht, Hohrech, Ferreserberg, Evelsberg, Pichtern, Robert, Brentin, Armes, Voringer, Throner-Hofberg, Schabesberg. Weingutsbesitzer: Das Gräflich von Kesselstattsche Majorat, Priesterseminar Trier. Gasth.: Feilen.

Die Gemarkung liefert in guten Jahren Weine I. Ranges, die sehr hoch bezahlt werden.

Piesport (l.). Weinort ersten Ranges. Verkehrt mit den Eisenbahnstationen Hetzerath und Salmrohr der Moselbahn. Kahnstation. Größe der Weinbaufläche: 49 Hectar, 1.—8. Klasse. Jahresertrag im Durchschnitt an Wein: 200 Fuder, darunter über

2 Fuder Rothwein. Weinbergslagen: Wehr, Falkenberg, Goldtröpfchen, Briesch, Pichtern, Gruft, Hohlweide. Weingutsbesitzer: Das Gräflich von Kesselstattsche Majorat, Huesgen zu Trarbach, Erben Küchen, Wb. Felzen, Hain, Föhr, Haardt. Gasth.: Hain, Brösch.

Der Piesporter zählt zu den besten Weinen der Welt.

Niederemmel (r.), bestehend aus den Orten Reinsport, Müstert und Niederemmel. Verkehrt mit den Eisenbahnstationen Hetzerath und Salmrohr der Moselbahn. Dampfschiffslahnstation. Größe der Weinbergsfläche: 71 Hectar mit 2.—8. Klasse. Jahresertrag an Wein im Durchschnitt ca. 280 Fuder. Weinbergslagen: Günterslay, Jub, aufm Fahr. Kähl, Sauerberg, Zeimetz-Karicht, ober dem Jub, Pichter. Weingutsbesitzer: Das Gräflich von Kesselstattsche Majorat, Bürgermeister Kunz zu Berncastel. Gasth.: Fuchs zu Müstert und Denzer zu Niederemmel.

In guten Jahren werden ganz vorzügliche Weine producirt, die sehr hoch bezahlt werden.

In dem Thale des Salmbaches liegen noch, 1—2 Stunden von der Mosel entfernt, einige Weinberge und zwar hat die Gemarkung:

Hetzerath davon noch 5 Hectar,
Rivenich „ „ 7 „
Dreis „ „ 9 „ und
Salmrohr „ „ 0,1 „

Summa 21,1 Hectar.

Diese Weinberge haben einen geringen Bau; ihr durchschnittlicher Jahresertrag an Wein wird 36 Fuder nicht übersteigen, und der Wein ist selten Gegenstand des Handels, denn er kommt meistens in der Umgegend zur Verwendung.

Minheim (l.). Verkehrt mit den Eisenbahnstationen Salmrohr und Lieser. Kahnstation Geierslay. Größe der Weinbergsfläche: 35 Hectar, 2.—8. Klasse. Durchschnittsertrag an Wein pro Jahr: 140 Fuder. Weinbergslagen: Olk, Rosenberg, Lay, Wehberg, Fahr.
Als Mittelweine haben die Weine von Minheim guten Ruf.

Winterich (r.). Verkehrt mit der Station Lieser der Nebenbahn Berncastel-Wengerohr. Kahnstation Geierslay. Größe der Weinbergsfläche: 65 Hectar, 1.—8. Klasse. Durchschnittsertrag pro Jahr an Wein: 260 Fuder. Weinbergslagen: Geierslay, Oligsberg, Neuberg, Simonsberg, Braunert, Korbes, Olk. Weingüter: A. Böcking, Wb. Puricelli. Theilweise ist ein Bau an hohen Drähten auf den Gütern eingeführt. (Gasth.: Wb. Tinnes, Reuscher.
In guten Weinjahren zählt der Oligsberger, Geierslayer und Neuberger zu den Weinen erster Güte.

Kesten (l.). Verkehrt mit der Station Lieser der Nebenlinie Berncastel-Wengerohr. Kahnstation. Größe der Weinbergsfläche: 45 Hectar, 1.—8. Klasse. Durchschnittlicher Jahresertrag an Wein: 180 Fuder. Weinbergslagen: Der Paulinsberg (Besitzer Liell zu

Berncastel) gegen Winterich, am Bach, Kleinkilgart, Herrenberg, Niederberg. Gasth.: Licht, Selbach.

Monzel (l.) liegt auf Bergeshöhe. Verkehrt mit den Eisenbahnstationen Lieser und Platten der Nebenbahn Berncastel-Wengerohr. Größe der Weinbergsfläche: 23 Hectar, 5.—8. Klasse. Durchschnittlicher Weinertrag pro Jahr: 80 Fuder. Weinbergslagen: Kandel, Braunpichter, Lohnert, Fuchsberg. Gasth.: Schweißel.

Osann (l.) liegt in einem Seitenthale. Verkehrt mit der Eisenbahnstation Platten. Größe der Weinbergsfläche: 25 Hectar, 5.—8. Klasse. Durchschnittsertrag an Wein pro Jahr: 70 Fuder. Weinbergslagen: Nugh, Rosenberg, Neuweg, Geispfad, Böhmerthal, Maunberg und Hahnenberg. Gasth.: Zur Post.

Filzen (r.) mit Neufilzen. Verkehrt mit der Station Lieser der Nebenbahn Berncastel — Wengerohr. Größe der Weinbergsfläche: 19 Hectar, 4.—8. Klasse. Ertrag an Wein im Durchschnitt jährlich: 60 Fuder. Weinbergslagen: Fieber, Pinnert, vor Höhbüsch. Gasth.: Licht, Thiel.

Dusemond (r.). (Weinort ersten Ranges.) Verkehrt mit der Eisenbahnstation Lieser der Nebenbahn Berncastel—Wengerohr. Kahnstation. Größe der Weinbergsfläche: 45 Hectar, 1.—8. Klasse. Der Durchschnittsertrag pro Jahr an Wein stellt sich auf 150 Fuder. Der beste Theil des berühmten

Brauneberges liegt in dieser Gemarkung mit den Lagen Hasenläufer, Benschert, Kammer, Falkenberg, Sang, Lay, Kehl, Bürgerslay, Juffer und Mitschert u. A. Gasth.: Brauneberg.

Ziemlich viel Weinhandel. In vielen Jahren rivalisirt der Brauneberger mit den vornehmsten Weinen Deutschlands.

Mülheim (r.). Kahnstation. Verkehrt mit der Eisenbahnstation Lieser. Größe der Weinbergsfläche: 52 Hectar, 4.—8. Klasse. Der Durchschnittsertrag pro Jahr an Wein beträgt 180 Fuder. Weinbergslagen: Elisenberg, Bitsch, Johannisberg, Laykaul. **Bedeutender Weinhandelsplatz** Gasth.: Sauermilch (vorm. Karsch).

Burgen (r.). Seitenthal. Verkehrt mit der Station Lieser der Nebenlinie Berncastel—Wengerohr. Größe der Weinbergsfläche: 31 Hectar, 5.—8. Klasse. Durchschnittsertrag an Wein pro Jahr: 100 Fuder. Weinbergslagen: Kirchberg, Fahls, Drieschel.

In guten Jahren ist der Burgerwein kräftig und voll, weshalb derselbe gern gekauft wird.

Veldenz (r.). Seitenthal. Verkehrt mit der Station Lieser. Größe der Weinbergsfläche: 50 Hectar, 4.—8. Klasse. Durchschnittsertrag an Wein pro Jahr: 140 Fuder. Leichter, bouquetreicher und süffiger Wein. Weinbergslagen: Kirchberg, Bitsch, Schloßberg. Gasth.: Bottler.

Unfern liegt die schöne Ruine der großen Burg Veldenz.

Lieser (l.). Guter Weinort. Station der Nebenbahn Berncastel—Wengerohr. Kahnstation. Die Größe der Weinbergsfläche beträgt 102 Hectar, 2.—8. Klasse. Der Durchschnittsertrag an Wein pro Jahr stellt sich auf ca. 400 Fuder. Weinbergslagen: Lieserer-Nieberberg, Lay, Kahlenberg, Paulsberg, Machernerweg, Maringerweg. Weingutsbesitzer: Wb. Puricelli. Gasth.: Baum, Mehn.

Maring und Noviand (l.). Haltestelle. Im Lieserthale aufwärts gelegen. Verkehren mit der Eisenbahnstation Lieser. Die Größe der Weinbergsfläche beträgt 107 Hectar, 4.—8. Klasse. Der Durchschnittsertrag an Wein pro Jahr stellt sich auf 280 Fuder, worunter ca. 30 Fuder Rothwein aus Burgundertrauben. Weinbergslagen: Karthaus, Obersteband, Mittelband, Paulsberg, Kleinberg Vorderkreutz, Novianderberg. Wirthsh.: Sproß.
In guten Jahren sind die Maring-Noviander Weine recht süffig und angenehm.

Platten (l.), 1 Stunde im Lieserthale aufwärts. Station der Nebenbahn Berncastel—Wengerohr. Größe der Weinbergsfläche: 26 Hectar, 5.—8. Klasse. Durchschnittsertrag an Wein pro Jahr: ca. 75 Fuder. Weinbergslagen: Schirbesberg, Kuhberg, Berg, Gruft und Neuberg. Wirthsh.: Goergen.

Wittlich (l.), Stadt, an der Lieser. Station der Nebenbahn Wengerohr—Wittlich. Größe der Weinbergsfläche: 34 Hectar, 6.—8. Klasse. Durchschnittsertrag an Wein pro Jahr ca. 90 Fuder. Weinbergslagen: Portnersberg, Bottchen, Dreschert, Raßheidchen, Pichtern und Kunk. Weingutsbesitzer: P. Schömann zu Trier. Gasth.: Well, Losen, „Zur Traube".

Hupperath. Dieses hoch gelegene Dorf hat noch etwa 1 Hectar kümmerliche Weinberge, deren Ertrag 2 Fuder durchschnittlich pro Jahr nicht übersteigen wird. Eine Handelswaare ist dieser Wein nicht.

Andel (r.), Verkehrt mit den Stationen Berncastel und Lieser der Bahn Wengerohr—Berncastel. Größe der Weinbergsfläche: 16 Hectar, 6.—8. Klasse. Weinbergslage: Sonnseit. Durchschnittsertrag an Wein pro Jahr: 50 Fuder. (Gasth.: Huck.

a) **Cues** (l.). Haltestelle. Verkehrt mit Station Berncastel. Größe der Weinbergsfläche: 85 Hectar, 3.—8. Klasse. Durchschnittlicher Jahresertrag an Wein: 330 Fuder. Weinbergslagen: Weißenstein, Schöber, Meil, Pichter, Kaibrech, Neuberg, Decherei, Rothenrech, Steinert, Lay. Etwas Weinhandel. Gasth.: Altdeutsche Weinstube.

b) **Berncastel** (r.), Stadt, mit der Burgruine Landshut. Berühmter Weinort. Endstation der Eisenbahn Berncastel—Wengerohr. Dampfschiffsbrückenstation. Größe der Weinbergefläche: 98 Hectar, 1.—8. Klasse. Durchschnittlicher Jahresertrag an Wein: 400 Fuder. Weinbergslagen: Doctor, Lay, Olk, Theuerkauf, Schwan, Herrenberg, Bratöschen, Rosenberg, Leiterbäumchen, Homberg, Steinkaul, Graben, an der Burg, Olk, Badstube. Weingutsbesitzer: Dr. Tanisch Erben, Kunz, Hospital Cues, Erben Fz. Liell, Leutzchen, Taprich. Bedeutender Weinhandel. Gasth.: H. Gaßen, Lucas, Fritz.

Koch, Mosel- und Saarweine. 4

Graach (r.). Großer Weinort. Verkehrt mit der Eisenbahnstation Berncastel. Größe der Weinbergsfläche: 104 Hectar, 1.—8. Klasse. Durchschnittlicher Weinertrag pro Jahr: 400 Fuder. Weinbergslagen: Josephshof, Münzlay, Absberg, Kehl, Olk, Plein, Pichter, Kirchenlay, Nicolauslay, Stablay, Huberg, Kirlay, Himmelreich, Petrus. Weingutsbesitzer: Gräflich von Kesselstattsches Majorat, Gymnasium zu Trier, Wb. Purizelli zu Trier. Die Josephshöfer Weine concurriren mit den besten Weinen Deutschlands. Gasth.: Velten, Meyer, Philips.

Wehlen (l.). Guter Weinort. Verkehrt mit den Eisenbahnstationen Berncastel und Wengerohr. Kahnstation. Größe der Weinbergsfläche: 80 Hectar, 1.—8. Klasse. Ertrag der Weinberge pro Jahr an Wein: 320 Fuder. Weinbergslagen: Nonnenlay, Lammertslay, Laychen, Rothlay, Duertchen, Himmelreich, Sonnenuhr, Feinter, Enkel, Walbersberg, Werthspitze, Nonnenberg, Weingutsbesitzer: Wb. Prüm, Jos. Studert, C. Prüm, Joh. Reuscher. Gasth.: Reuscher, Hauth, Dieß.

Zeltingen mit **Rachtig** (r.). Berühmter Weinort mit kleiner Burgruine. Verkehrt mit den Eisenbahnstationen Berncastel, Wengerohr und Uerzig. Kahnstation. Größe der Weinbergsfläche: 178 Hectar, 1.—8. Klasse. Durchschnittsertrag pro Jahr an Wein: 650 Fuder. Weinbergslagen: Schloßberg, Burg, Kirbel, Kackert, Rothlay, Rosenthal, Sandpichter, Sonnenuhr, Hennert, Dossert, Lehm, Niederband, Lösnigerberg, Judenkirchhof, Machernerberg,

Hundsberg, am Nachtigerweg, Röder. Weingutsbesitzer: Frau Wb. Purizelli, Frz. Merrem, Wb.
Ehses-Berres. Gasth.: Nicolay, Stroh, Neyses. Etwas Weinhandel.

Die besten Zeltinger Weine concurriren mit den feinsten
Marken Deutschlands.

Uerzig (l.). Guter Weinort mit kleiner Burgruine.
Die Eisenbahnstation Uerzig liegt ³/₄ Stunde ent-
fernt. Kahnstation. Größe der Weinbergsfläche:
50 Hectar, 2.—8. Klasse. Durchschnittsertrag pro
Jahr an Wein: 200 Fuder, worunter etwa
3 Fuder Rothwein. Weinbergslagen: Kranklay,
Michelslay, Würzgarten, Würzlay, Geibel, Marxberg,
Bergband, Fischereiband. Weingutsbesitzer: Erben
J. Berres, J. Eymael. Etwas Weinhandel. Gasth.:
Nicolai, Selbach.

Erden (r.). Verkehrt mit der Eisenbahnstation Uerzig.
Kahnstation. Größe der Weinbergsfläche: 59 Hectar,
2.—8. Klasse. Durchschnittsertrag pro Jahr an Wein:
200 Fuder. Weinbergslagen: Treppchen, Kranklay,
Bußlay, Mertesberg, Kriebslay, Herzlay, Pichter,
Herrnberg, Höblay. Gutsbesitzer: Priesterseminar
Trier, Berres. Gasth.: Kiebel, Faber.

Die Erdener Weine sind rassig, haben Bouquet und sind
stark begehrt.

Loesenich (r.). Verkehrt mit der Eisenbahnstation
Uerzig. Größe der Weinbergsfläche: 10 Hectar,
2.—8. Klasse. Durchschnittsertrag an Wein pro
Jahr: 45 Fuder. Weinbergslagen: Simmel, Bußlay,

4*

Höblay, Försterlay, Kallay, Fallenlay, Heiligenhäuschen. Gasth.: Mechtel.

<small>Es ist noch ziemlich viel Elbling angebaut, aber die Weine haben Ruf.</small>

Kinheim (l.) mit Kindel. Verkehrt mit der Eisenbahnstation Uerzig. Kahnstation. Größe der Weinbergsfläche: 79 Hectar mit 2.—8. Klasse. Durchschnittsertrag pro Jahr an Wein ca. 300 Fuder. Weinbergslagen: Rosenberg, Pichter, Löwenberg, Kirchberg, Kant, Bondel, Petsch, Halsbach, Höhl. Gasth.: Reidhöfer.
<small>Guter Mittelwein, der viel gesucht wird.</small>

Cröv (l.) mit Kövenich. Verkehrt mit den Eisenbahnstationen Traben und Uerzig. Kahnstation. Größe der Weinbergsfläche: 123 Hectar, 3.—8. Klasse. Durchschnittlicher Jahresertrag an Wein ca. 450 Fuder. Weinbergslagen: Heislay, Steffensberg, Lonn, Neuberg, Herresberg, Reibes, Braunfeld, Kahlenberg, Hälcher, Letterei, Lay, Kirchkaul, Scheid, Pellen. Gasth.: Gräfinburg bei Jacoby, Hüls, Jungbluth.

Wolf (r.) mit kleiner Klosterruine. Verkehrt mit der Eisenbahnstation Traben. Kahnstation. Größe der Weinbergsfläche: 45 Hectar, 3.—8. Klasse. Durchschnittlicher Ertrag an Wein pro Jahr: 150 Fuder. Weinbergslagen: Goldgrub, Gonnepfad, Schütte, Reiler, Kochert, Vorderberg, Hinterberg, Klause, Draht. Gasth.: Lorenz.

In dem Thal des Alfbaches und seiner Nebenthäler liegen noch einige geringe Weinberge, und zwar zu

Bausendorf ca. 2 Hectar,
Olkenbach „ 1,7 „
Neuerburg „ 0,8 „
Bengel „ 0,3 „

Summa 4,8 Hectar.

Der Ertrag derselben an Wein pro Jahr stellt sich auf etwa 9 Fuder, die in der Umgegend zum Verbrauch gelangen.

Trarbach (r.) Stadt auf dem rechten Moselufer. Eisenbahnstation Traben. Dampfschiffsanlegebrücke. Eine feste Brücke über die Mosel ist projectirt. (Ruine Gräfinburg.) Größe der Weinberge ca. 81 Hectar, 1.—8. Klasse, mit einem durchschnittlichen Jahresertrag von ca. 300 Fuder Weißwein, worunter sich hervorragende Weine befinden. Weinbergslagen: Schloßberg, Ungstein, Hühnerberg, Schraubel, Neuberg, Saha, Spies, Bahls, Hölle, Fallig, Mühlenrech, Kastel, Halsberg. Ist mit dem gegenüberliegenden Flecken Traben **der Hauptsitz des Weinhandels an der ganzen Mosel.** Gasth.: Adler, Bellevue, zum Weinberg, zur Gräfinburg, Brauneberg.

Traben (l.) Flecken an dem linken Ufer mit Eisenbahnstation der Linie Pünderich—Traben. Die Weinberge umfassen ca. 103 Hectar, 1.—8. Klasse; der durchschnittliche Jahresertrag stellt sich auf 400 Fuder. Weinbergslagen: Unter Starkenberg, Herrenberg, Undels, Letztlos, Cordel, Neuberg, Pichter, Rißbach.

Gasth.: Claus-Feist, Schmitt. Großer Weinhandelsplatz (siehe Trarbach).

Starkenburg (r.). Auf dem rechten Moselufer hochgelegen und in die Reste der früheren Burg eingebaut. Eisenbahnverkehr mit Station Traben der Nebenlinie Pünderich—Traben. Dampfschiffsverkehr mit der Brückenstation Trarbach und der Kahnstation Enkirch. Die Weinberge sind ca. 6 Hectar groß, 4.—8. Klasse. Die Jahresproduction beträgt etwa 20 Fuder. Weinbergslagen: Herrenberg, Unter Starkenburg.

Enkirch (r.). Flecken am rechten Ufer der Mosel. Eisenbahnstation der Nebenlinie Pünderich — Traben. Kahnstation der Moselbampfschiffe. Größe der Weinberge ca. 136 Hectar, 1.—8. Klasse, mit einer durchschnittlichen Jahresproduktion von 500 Fuder, worunter ganz hervorragende Weine. Weinbergslagen: Stephansberg, Hinterberg, Ellergrub, Mannwingert, Montaneubel, Herschberg, Heppingen, Leid, Hahnenkaul, Hostert. Gegenüber auf dem linken Moselufer liegt das Örtchen Kövenich, welches zur Gemeinde Cröv gehört. Gasth.: Anker, Immich. Ziemlich bedeutender Weinhandel.

III. Das Gebiet der unteren Mosel von Burg bis Coblenz.

Es liegen da in dichten Reih'n
Der Römerburgen viel,
Auf Felsen, die dich schnüren ein
Da wächst ein edler Feuerwein,
Stärkend und kühl!

Gätschenberger.

Das Gebiet der unteren Mosel von Burg bis Coblenz umfaßt mehr als 2000 Hectar Weinberge, welche fast sämmtlich auf Thonschieferboden stocken. Der Rebsatz besteht zu etwa 60% aus Riesling, zu 40% aber aus Kleinberger oder Elbling. Stellenweise findet sich etwas Sylvaner beigemischt; in mehreren Gemarkungen wird auch etwas Burgunder für Rothwein angebaut. Meistens sind die sonnigen Einhänge an der Mosel und in den Seitenthälern, in denen Reben gebaut werden, sehr steil, weshalb die Weinbergsarbeiten außerordentlich mühsam sind. Vielfach haben, um den Reben einen Halt zu geben, Terrassenmauern aufgeführt werden müssen; namentlich auf der Strecke von Hatzenport bis Winningen ist dieser Terrassenbau zu sehen, der bei Kobern und Winningen sich vervielfacht und eine Ausdehnung erreicht, wie solcher in Deutschland kaum mehr zu finden ist. Nicht selten sind die Terrassen so klein, daß kaum 20 Rebstöcke auf denselben Platz haben.

Im großen Ganzen stehen in diesem Gebiete die Rebstöcke etwas enger, als im Gebiet der mittleren Mosel. Dieser engere Satz wird in dem unteren Theile von Hatzenport bis Güls noch wesentlich verstärkt;

hier haben die Rebstöcke vielfach nur 1 bis 3 Büglinge, was schon einen engeren Satz zuläßt. Daß Gebiet der unteren Mosel producirt recht viele und brauchbare Schoppen- und Mittelweine; ganz hervorragende Weine ersten Ranges werden dort nur wenig hergestellt, trotzdem manche Lagen hierzu wohl geeignet sind. Zu dieser Erscheinung trägt die sehr starke Parzellirung gar viel bei, denn durch solche werden feine Auslesen theils sehr erschwert, theils fast unmöglich gemacht. Vorzügliche Weine liefern die Gemarkungen Winningen, Kobern, Hatzenport, Gondorf, Merl, Valwig, Fankel und Ellenz-Poltersdorf, letztern 4 Orte im sogenannten Cochemer Krampen gelegen. Die Gemarkung Winningen hat am meisten Weinberge an der untern Mosel; es werden in denselben sehr rassige und bouquetreiche, jedoch etwas schwere Weine erzeugt, die sehr gesucht sind, aber auswärts wenig genannt werden, da der Wein aus dieser Gemarkung selten unter dem Namen „Winninger" zum Verkaufe und zum Ausschanke gelangt. Die Weinberge von Winningen werden meistens gut gebaut; die Winzer daselbst sind intelligente Leute, denen der Weinbau sehr am Herzen liegt, allein sie haben ihren vorzüglichen Weinen bis jetzt noch nicht den Namen machen können, der denselben ihrer Güte wegen in der Welt gebührt. Ähnlich liegen die Verhältnisse in den Orten Kobern und Hatzenport. Dagegen haben die Weine aus den Orten Valwig, Fankel und Ellenz-Poltersdorf in den letzten Jahren sich einen sehr guten und viel verbreiteten Ruf begründet, von welchen auch noch mehrere andere Orte des Krampens Nutzen ziehen. In guten Jahren erzeugen diese Orte aber auch Weine, die wirklich ervorragend sind und deshalb hoch gewürdigt werden;

ein 93er Balwiger konnte sich den 93er Weinen aus den besseren Lagen der Mittelmosel sehr ebenbürtig an die Seite stellen. Neben gar vielen Schoppenweinen erzeugt das Gebiet der unteren Mosel sehr viele Mittelweine, die zu mäßigen Preisen in den Handel kommen, und als Flaschenweine in den Verkehr gelangen; die Angabe wird kaum bestritten werden können, daß der größte Theil der in Deutschland verbrauchten mittelguten Moselflaschen-Weine aus diesem Gebiete herstammt. Als Schoppenwein ist der Untermoseler sehr beliebt; es ist ein leichter, blumiger Tropfen, dem die Moselsäure nicht abgeht, der aber lockt und vorzüglich bekommt. Er geht auch alljährlich zu Tausenden von Fudern in die weite Welt, denn der Weinhandel, welcher vorzugsweise in Trarbach—Traben, Berncastel, Alf, Zell, Merl, Cochem, Carden—Treis, Hatzenport und Winningen blühend betrieben wird, an welchem aber fast in jedem Moselort noch einzelne Geschäfte theilnehmen, befaßt sich gar lebhaft mit dem Vertriebe dieser kleinen aber viel gesuchten Moselweine.

Der Versand der Weine geschieht theils per Moselbahn, die gerade in diesem Gebiete recht viele Stationen hat, theils auch per Dampfschiff; größere Quantitäten werden jedoch noch vielfach durch Kähne oder Moselschiffe befördert.

Burg (r.). Auf dem rechten Moselufer gelegen. Ist Eisenbahnhaltestelle der Nebenlinie Pünderich—Traben. Kahnstation. Die Weinberge umfassen ca. 53 Hectar, 3.—8. Klasse mit einem durchschnittlichen Jahresertrag von 200 Fuder. Weinbergslagen: Meubring, Katschel, Graubach, Fahr, Kamp, Kirch, Hasen, Wendelstück. Größere Weinbergsbesitzer: Nalbach, Simon, Reiß, Schneider und Fischer.

Reil (l.). Auf dem linken Moselufer. Ist Station der Nebeneisenbahn Pünderich—Traben, und Kahnstation der Dampfschiffe. Die Weinberge haben eine Größe von ca. 88 Hectar, 4.—8. Klasse mit einer Jahresproduction von 350 Fudern. Weinbergslagen: Bei Reilkirch, Mullay, bei Pfahls, am Burgerbach, Staden, Feld, Kandelsberg, Neuenberg, Mühlenberg, Falkenberg, Pfefferberg, Dennkopf. Größere Weinbergsbesitzer, Barzen, Steinbach, Hain, Schuh und Nalbach. Gasth.: Nalbach, Barzen.

Pünderich. Auf dem rechten Moselufer. Eisenbahnstation und Kahnstation. Die Weinberge sind ca. 55 Hectar, 2.—8. Klasse, groß; der Durchschnittsertrag stellt sich auf 210 Fuder Wein. Weinbergslagen: Nonnenlehr, beim Birnbaum, Fahr, am Alserpfad, Renneswingert, Kelterhaus, Raffas, Jusberg, Steinchen, Goldberg, Rosenberg. Auf dem linken Ufer liegt auf einem Berggrad die Marienburg. Gasth.: Höpp, Schneiders, Kallfels. Etwas Weinhandel.

Briedel. Auf dem rechten Ufer. Eisenbahnverkehr mit Stationen Pünderich und Bullay. Kahnstation. Größe der Weinberge: 88 Hectar, 2.—8. Klasse mit einen Durchschnittsertrag von 350 Fuder Wein. Weinbergslagen: Trieschling, Weiß, Schäferberg, Grammelt, Cobrand, Gegen Briedel, Trierer, Kelterhaus, Kamp, Hof. Größere Weinbergsbesitzer: Korn, Rumpel, Fischer, Gippert, Schneiders, Binninger Veit. Es wird etwas Weinhandel betrieben. Gasth.: Schneider.

Kaimt. Auf dem linken Ufer. Eisenbahnverkehr mit der Station Bullay. Dampfschiffanlegestelle bei der gegenüberliegenden Stadt Zell. Größe der Weinberge: 21 Hectar, 6.—8. Klasse. Der Durchschnittsertrag an Wein beträgt jährlich 80 Fuder. Weinbergslagen: Bruch, Seifen, Hundskopf, Kalatscher, Vahls, Kipp, Plänter, Gesetz, Hölle Philipsberg.

Zell. Stadt auf dem rechten Moselufer. Eisenbahnverkehr mit der Station Bullay. Brückenstation der Dampfschiffe. Größe der Weinberge: 96 Hectar, 2.—8. Klasse, mit einem durchschnittlichem Jahresertrag von 400 Fuder Wein. Weinbergslagen: Petersborn, Kapuchen, Ritwisch, Geisberg, Kreutz, bei der Kirche, Schuh, Eresberg, Schiffgäschen, Pommerel, Engelbrett, Leimgaß, Dechend. Der Handel mit Wein ist bedeutend. Gasth.: Fier, Kaiserhof (Bertram).

Merl. Auf dem rechten Ufer. Eisenbahnverkehr mit der Station Bullay. Kahnstation. Die Weinbergsfläche umfaßt 72 Hectar, 1.—8. Klasse; der durchschnittliche Ertrag an Wein per Jahr beträgt 300 Fuder. Weinbergslagen: Adler, Aules, Kölchberg, Hof, Gieret, Hölle, Fettgarten, Roßberg. Es sind mehrere Weinhandlungen vorhanden. Gasth.: Scheid, Cröff.

Bullay (r.). Station der Moseleisenbahn. Größe der Weinbergsflächen: 23 Hectar. Durchschnittlicher Jahresertrag an Wein: 90 Fuder. Weinbergslagen: Herrenberg, Waldberg, Kronenberg, Karfurkelberg. Gasth.: Andries, Nalbach, Zu den vier Thürmen.

Alf. Auf dem linken Ufer. Eisenbahnstation Bullay—Alf. Dampfschiffbrückenstation. Größe der Weinbergsfläche: 41 Hectar, 4.—8. Klasse. Der durchschnittliche Jahresertrag ist 150 Fuder. Weinbergslagen: Kehr, Herrenberg, beim Heiligenhäuschen, Kronenberg, Metschert, Burggraf, Unterberg, bei Arras, Hölle, Lay. Nicht unbedeutender Weinhandel. Gasth.: Post, Bremer, Anker, Engel.
 In der Nähe die Marienburg und die Ruine der Burg Arras.

Aldegund. Auf dem linken Ufer gelegen. Verkehrt mit der Eisenbahnstation Bullay. Die Weinberge umfassen 43 Hectar, 4.—8. Klasse; die Jahresproduction stellt sich auf ca. 170 Fuder. Weinbergslagen: Baumberg, Palmenberg, Manewerk, Hanglerberg, Wiesberg, Neuenberg, Kehr, Flinsterbach, Maiwald, Vahls, Hangelberg, Zäschel. Gasth.: Pauly. Etwas Weinhandel.

Neef. Auf dem rechten Ufer. Eisenbahnhaltestelle für den Personenverkehr. Kahnstation. Güter gehen zur

Station Bullay. Die Weinberge haben eine Größe von 54 Hectar, 2.—8. Klasse mit einer Jahresproduction von 210 Fuder, theils bessere Weine. Weinbergslagen: Frauenberg, Rosenberg, Steil, ober der Bahn, Thal, Gosert, Mühlberge, Neuenberg, Fuhrt, ober der Fuhrt, Bennersberg, Neuschlay. Gasth.: Zur Traube (J. Bremm).

Bremm. Auf dem linken Ufer. Eisenbahnverkehr mit der Station Bullay und Eller. Die Weinbergsfläche beträgt 56 Hectar, 2.—8. Klasse, mit einem Durchschnittsertrage von 220 Fuder, theils bessere Weine. Weinbergslagen: Kalmond, Fachlaulen, Baleslaulen, Schlemmer, Geist, Lay, Layrech, Langenberg, Kandelbach, Geil, Zäschel, Stubben. Gasth.: Hutter.
Gegenüber liegen die Ruinen des Klosters Etubben.

Eller. Auf dem linken Ufer. Eisenbahnstation, Größe der Weinbergsfläche 56 Hectar, 2.—8. Klasse. Durchschnittsertrag: 220 Fuder Wein. Weinbergslagen: Fröschpfuhl, Unter Eller, Obermark, Wannsteil, Bürscheid, Michelsberg, Kahlenfuß, Ornt, Hell, Kreuzweg. Größere Weinbergsbesitzungen: Friedrichs. Etwas Weinhandel. Gasth.: Friedrichs, Jacobs, Schinnen, Gießen und Wb. Mainzer.

Ediger. Auf dem linken Ufer. Eisenbahnverkehr mit Station Eller. Kahnstation. Größe der Weinbergsfläche: 81 Hectar, 2.—8. Klasse, mit einem Durchschnittsertrage von 320 Fuder Wein, die recht gesucht sind. Weinbergslagen: Obermark, Pleitenkopf, Hohberg,

Kehr, Kuhberg, Kaipel, Kiret, Sonnseit, Plänter, Untermark, Lehmen, Zibet, Elrig. Gasth.: Löwen. Etwas Weinhandel.

Nehren. Auf dem linken Ufer. Eisenbahnverkehr mit den Stationen Eller und Cochem. Die Weinberge umfassen 7 Hectar der 5. und 6. Klasse; der durchschnittliche Jahresertrag stellt sich auf 25 Fuder. Weinbergslage: Untermark.

Senhelm. Auf dem rechten Ufer; auf dem linken Ufer liegt die Dorfabtheilung Senhals. Die Weinbergsfläche umfaßt 48 Hectar, 2.—8. Klasse, der Durchschnittsertrag stellt sich auf ca. 190 Fuder Wein. Weinbergslagen sind: Lay, Klingenberg, Büschberg, Säderl, Jünger, Waldhager, Kirchrech, Manscheid, Deisberg. Verkehrt mit der Eisenbahnstation Cochem. Gasth.: Schneiders, Thießen.

Mesenich. Auf dem rechten Ufer. Größe der Weinbergsfläche: 28 Hectar, 4.—8. Klasse, mit einem Durchschnittsertrage von 110 Fuder Wein. Verkehrt mit der Eisenbahnstation Cochem. Kahnstation. Weinbergslagen: Kater, Bußberg, Braunberg, Floß. Gasth.: Steffen.

Briedern. Auf dem rechten Moselufer. Verkehr mit der Eisenbahnstation Cochem. Kahnstation. Größe der Weinbergsfläche: 2? Hectar, 2.—8. Klasse; der Durchschnittsertrag beträgt 90 Fuder Wein. Weinbergslagen: Rieberberg, Mark, Endkaul, Floß, Vahlsbach, Theisflur, Ueber Dorf, Waldberg. Gasth.: Friedrichs.

Ellenz-Poltersdorf. Auf dem linken Moseluser. Verkehrt mit der Eisenbahnstation Cochem. Größe der Weinbergsfläche: 47 Hectar, 1.—8. Klasse; der Durchschnittsertrag stellt sich auf 170 Fuder Wein, der zum Theil sehr geschätzt wird. Weinbergslagen: Rieberberg, Poltersdorferberg, Ellenzerberg, Kumprich, Lay, Mark, Stiegstück, Warsberg. Größere Besitzer: J. Walches, Schausten, Lenz. Gasth.: Dehren.

Bellstein. Auf dem rechten Moseluser. Eisenbahnverkehr mit Station Cochem. Kahnstation. Die Weinbergsfläche umfaßt ca. 7 Hectar, 4.—8. Klasse; der durchschnittliche Jahresertrag stellt sich auf 28 Fuder Wein. Weinbergslagen: Mühlenstück, Herrenberg, Hahn, Gegen Ellenz. Die schöne Ruine der Burg Beilstein überragt den Ort. Gasth.: Lipmann, Kolzer.

Fankel (r.). Verkehrt mit der Eisenbahnstation Cochem. Größe der Weinbergsfläche: 56 Hectar, 1.—8. Klasse. Durchschnittsertrag an Wein per Jahr: 200 Fuder. Weinbergslagen: Gegen Ellenz, Schafsberg, Horneder, Vorst, Bandel, Bruberberg, Kehr, Kreuz. Größere Weinbergsbesitzer: Schunk, Heß.
_{Die Weine von Fankel sind rassig und werden von Jahr zu Jahr mehr gesucht.}

Bruttig (r.). Verkehrt mit der Eisenbahnstation Cochem. Kahnstation. Größe der Weinbergsflächen: 60 Hectar, 2.—8. Klasse. Durchschnittsertrag per Jahr an Wein: 220 Fuder. Weinbergslagen: Ueber Mosel, Kahl, Abseit, Kehr, Sonnseit, Steinkaul, Schien, Gaun, Hohlgraben.

Größere Weinbergsbesitzer: Andre, Lehnertz. Gasth.: Friedrichs.

Gesuchte Weine in der Neuzeit.

Ernst (l.). Ober- und Niederernst. Verkehrt mit der Eisenbahnstation Cochem. Größe der Weinbergsflächen: 25 Hectar, 4.—8. Klasse. Durchschnittsertrag per Jahr an Wein: 100 Fuder. Weinbergslagen: Ober- und Untermark, Vahls. Die Winzer sind in der Gemarkung Balwig stark begütert. Größere Weinbergsbesitzer: Lehnertz, Reitz. Gasth.: Steuer.

Valwig (r.). Bedeutender Weinort. Verkehrt mit der Eisenbahnstation Cochem. Größe der Weinbergsflächen: 63 Hectar, 1.—8. Klasse. Durchschnittsertrag per Jahr an Wein: 250 Fuder. Weinbergslagen: Balwigerberg, Schwarzenberg, Geiersberg, Theilberg, Höbberg. Gasth.: Bremm.

Die Weine haben in der Neuzeit steigenden Ruf bekommen; dieselben sind in guten Jahren recht rassig und reintönig.

Sehl (l.), mit der Irrenanstalt Ebernach, einem früheren Kloster. Verkehrt mit der Eisenbahnstation Cochem. Größe der Weinbergsflächen: 18 Hectar, 4.—7. Klasse. Durchschnittsertrag an Wein per Jahr: 75 Fuder. Weinbergslagen: Vahls, Kaiserberg, Sehlerberg. Gasth.: Schausten, Cochems.

Cond (r.). Liegt Cochem gegenüber. Verkehrt mit der Eisenbahnstation Cochem. Größe der Weinbergsflächen: 42 Hectar, 3.—8. Klasse. Durchschnittsertrag an Wein per Jahr: 160 Fuder. Weinbergslagen: Rosenberg, Gotthardsberg, Hohlay, Witteberg,

Pützkopf, Rosenberg, Nicolauslay. Größere Weinbergsbesitzer: Boos. Gasth.: Brixius.

Cochem (l.). Stadt mit schöner renovirten Burg, sowie mit der Ruine der Winneburg. Station der Bahn Coblenz—Trier. Brückenstation der Dampfschiffe. Größe der Weinbergsflächen: 63 Hectar, 2.—8. Klasse. Durchschnittsertrag an Wein per Jahr: 250 Fuder. Sehr bedeutender Weinhandelsplatz. Weinbergslagen: Schloßberg, Pinneberg, Bahls, Langenberg, Salzberg, Herrenwiese, Reuschel, Weiden, Kern, Kuchelchen, Geis, Plein, Knipperstück. Größere Besitzer: Hausmann, P. Fellenz, J. Fellenz, Roß, Sondig, Bodenbach. Gasth.: Pauly, Unionhôtel, Stadt Cöln, Stadt Coblenz, Zum Kaiser, Fellenz.

Clotten (l.). Mit Burgruine. Station der Bahn Coblenz—Trier. Kahnstation. Größe der Weinbergsflächen: 81 Hectar, 2.—8. Klasse. Durchschnittlicher Jahresertrag an Wein: 350 Fuder. Weinbergslagen: Reinberg, Rosenberg, Brühl, Keilberg, Burgberg, Wirges, Hochlay, Pfanne, Mannwerk. Größere Weinbergsbesitzer: Wb. Kollmann, Pfarrgut, J. Lauren. Etwas Weinhandel. Gasth.: Kollmann, Thomas, Loosen, Kehr.

Pommern (l.). Mit Burg und der Klosterruine Rosenthal. Station der Moselbahn. Größe der Weinbergsflächen: 75 Hectar, 3.—8. Klasse. Durchschnittlicher Weinertrag per Jahr: 320 Fuder. Weinbergslagen: Ziesel, Schaafsberg, Mannwerk, Rosenberg, Hanneberg, Schrahl, Dörenberg, Felsacker. Größere

Weinbergsbesitzer: Schneiders, Fuchs I., Moritz.
Gasth.: Moritz, Schneiders.

Treis (r.). Mit den Ruinen der Treiserburg und der Wildburg. Verkehrt mit der Eisenbahnstation Carden. Kahnstation. Größe der Weinbergsflächen: 44 Hectar, 4.—8. Klasse. Durchschnittlicher Weinertrag per Jahr: 160 Fuder. Weinbergslagen: Castel, Eierberg, an der Burg, Bienenberg, Gräth, Zäsch, im Thal, Wegscheid. Größere Weinbergsbesitzer: J. Schneiders, P. J. Gräf, J. Simonis, J. J. Simonis, A. Bläser, J. Ring, J. Reiß, M. Sänger. Gasth.: Zur Wildburg, Zur Krone.

Carden (l.). Mit sehenswerther Kirche. Station der Moselbahn. Größe der Weinbergsflächen: 25 Hectar, 2.—8. Klasse. Durchschnittsertrag per Jahr an Wein: 100 Fuder. Weinbergslagen: Rosenberg, bei den Stationen, Treppchen, Stationslay, Münsterlay, Merlerkampes, Hochkreuz, Hohlay, Fahrlay, Mühlberg. Größere Weinbergsbesitzer: Mitteldorf, Brauer. Gasth.: C. Brauer, F. Brauer, Weins, Kohlbecher. Etwas Weinhandel, theils für Export über See.

Müden (l.). Station der Moselbahn. Kahnstation. Größe der Weinbergsflächen: 57 Hectar, 3.—8. Klasse. Durchschnittsertrag per Jahr an Wein: 240 Fuder. Weinbergslagen: Großlay, Plänzer, Mergengraben, Sonnenberg, Eck, Himmelsberg, Flachlay, Platz, Strang, Rathein. Größere Besitzer: J. Höfer A. Höfer. Gasth.: Höfer.

Lütz (r.). Im Thale des Lützbaches. Verkehrt mit Station Müden der Moselbahn. Größe der Weinbergsfläche: 5 Hectar, 7.—8. Klasse. Durchschnittlicher Weinertrag per Jahr: 10 Fuder. Nebenlage. Etwas Rothwein. Geringer Bau.

Moselkern (l.). Station der Moselbahn. Kahnstation. Größe der Weinbergsflächen: 51 Hectar, 3.—8. Klasse. Durchschnittlicher Ertrag an Wein per Jahr: 220 Fuder. Weinbergslagen: Ueber Eltz, Kamperberg, Kern, An der Mühle, Berl, Fuhrt, Ringelstein. Gasth.: Heidger, Deis, Zum Anker. Etwas Weinhandel.

1½ Stunde entfernt liegt im Thale der Eltz das gut erhaltene Schloß Eltz, sowie die Ruine der Burg Trutz-Eltz.

Burgen (r.). Station der Moselbahn. Kahnstation. Größe der Weinbergsflächen: 25 Hectar, 4.—8. Klasse. Durchschnittsertrag per Jahr an Wein ca. 100 Fuder. Weinbergslagen: Schotter, Obermark, Untermark, Gehren, Thalberg, Klopp, Niederberg. Etwas Weinhandel; die Winzer verkaufen viele Trauben. Größere Besitzer: P. Moritz, C. J. Moritz. Gasth.: Post, Kaiserwerth.

Hatzenport (l.). Guter Weinort. Station der Moselbahn. Kahnstation. Größe der Weinbergsflächen: 57 Hectar, 2.—7. Klasse. Weinertrag per Jahr im Durchschnitte: 200 Fuder. Viel Terrassenbau. Weinbergslagen: Rothenberg, Spendel, Kehrberg, Bann, Kirchberg, Stolzenberg, Lay, auf der Fuhrt. Größere Besitzer:

P. Probst, A. Kranz, C. Kranz, J. Endres. Gasth.: Heibger, Kranz. Etwas Weinhandel.

Brodenbach (r.). Verkehrt mit der Station Hatzenport der Moselbahn. Kahnstation. Größe der Weinbergsfläche: 1,5 Hectar, 7. Klasse. Weinertrag per Jahr im Durchschnitt: 5 Fuder. District: Ungstein. Größere Besitzer: Probst, Conder. Gasth.: Probst.

In der Nähe, ½ Stunde landeinwärts, liegt die Ruine der Ehrenburg.

Loef (l.). Station der Moselbahn. Größe der Weinbergsflächen: 13 Hectar, 4.—8. Klasse. Durchschnittlicher Ertrag an Wein per Jahr 40 Fuder. Weinbergslagen: Sonnenring, Edem, im Staden, Kern. Gasth.: Zur Sternburg, Künster.

Alken (r.). Mit dem Schloß Thurant. Verkehrt mit Station Katenes der Moselbahn. Kahnstation. Größe der Weinbergsflächen: 34 Hectar, 3.—8. Klasse mit 120 Fuder Ertrag. Weinbergslagen: Bleitenberg, Burgberg, Trift, Hungersteiner. Größere Besitzer: W. May, J. Hürter, J. Comes. Gasth.: Rother Ochse.

Cattenes (l.). Station der Moselbahn. Größe der Weinbergsflächen: 10 Hectar, 4.—6. Klasse. Weinertrag durchschnittlich per Jahr: 40 Fuder. Weinbergslagen: Loeferberg, Alkenerfuhrt, im Lehm, im Steinchen. Größere Besitzer: Kines. Gasth.: Grieß, Langen.

Moselsürsch (l.). Verkehrt mit den Stationen Loef, Katenes, Hatzenport und Gondorf der Moselbahn. Größe der Weinbaufläche: 4 Hectar, 3.—4. Klasse. Durchschnittlicher Weinertrag per Jahr 12 Fuder. Weinbergslage: in der Grub.

Oberfell (r.). Verkehrt mit der Station Cattenes der Moselbahn. Kahnstation. Größe der Weinbergsfläche: 27 Hectar, 3.—8. Klasse. Durchschnittlicher Weinertrag per Jahr: 100 Fuder. Weinbergslagen: Obermark, Untermark, Thal, Brauneberg, Ringmauer. Größere Besitzer: Wb. Schweisthal, Gbb. Christ, H. Comes. Gasth.: Schweisthal.

Lehmen (l.). Station der Moselbahn. Kahnstation. Größe der Weinbergsfläche: 23 Hectar, 3.—8. Klasse. Durchschnittlicher Ertrag an Wein per Jahr: 90 Fuder, wovon etwas Rothwein. Weinbergslagen: Haupt, Kollig, Würzlay, unter dem Dorf. Weingutsbesitzer: Frau Weckbecker, J. A. Weckbecker.

Niederfell mit Kühr (r.). Verkehrt mit der Station Kobern der Moselbahn. Kahnstation. Größe der Weinbergsfläche 32 Hectar, 4.—8. Klasse. Durchschnittlicher Weinertrag per Jahr: 120 Fuder, etwas Rothwein. Weinbergslagen: Spitalsberg, Callay, Gens, Obermark, Grub, Fäschern, Rothmauer. Weingutsbesitzer: Hospital zu Coblenz, P. Neiß, Wb. Flück. Gasth.: Wb. Flück und Wb. Gries.

Gondorf (l.). Mit dem Lenener Schloß. Verkehrt mit Station Kobern der Moselbahn. Größe der Weinbergsfläche: 18 Hectar, 2.—7. Klasse. Durchschnittsertrag an Wein per Jahr: 75 Fuder. Weinbergslagen: Kehr, Reispel, Winkel, Naaf, Genz, Spitalsberg, Bocksberg, Johannisberg, Fuchshöhle. Größere Besitzer: A. Fischer, Glb. Haupt, von Liebig und Kirchengut. Gasth.: Haupt. Etwas Weinhandel.

Kobern (l.). Bedeutender Weinort mit 2 Burgruinen. Station der Moselbahn. Kahnstation. Größe der Weinbergsfläche: 45 Hectar, 1—7. Classe. Durchschnittsertrag per Jahr an Wein: 180 Fuder. Weinbergslagen: Kobener Uhle, Fahrberg, Rosenberg, Johannisberg, Lennig, Weißenberg, Pappenscheuer. Größere Besitzer: C. A. Simonis, P. Detsch, Pfarreigut. Etwas Weinhandel. Gasth.: Simonis, Waldecker.
Ruine der Nieberburg und der Altenburg.

Dieblich (r.). Verkehrt mit der Station Kobern der Moselbahn. Größe der Weinbergsfläche: 7 Hectar, 5—8. Classe. Gesammtertrag an Wein im Durchschnitt per Jahr: 25 Fuder. Weinbergslage: Fahrberg. Größere Besitzer: A. Schirrad. Gasth. Sauer.

Winningen, Marktflecken (l.). Großer Weinort mit vorzüglichen Weinen. Station der Moselbahn. Kahnstation. Größe der Weinbergsflächen: 156 Hectar, 1.—8. Klasse. Hat die größte Weinbergsfläche an der unteren Mosel. Gesammtertrag an Wein im Durchschnitt per Jahr: 600 Fuder. Weinbergslagen: Uhle, Röttgen, Hamm, Breitenweg, Rosenberg, Kaschemauer, Auen, Seifen, Brückstück. Größere Besitzer: C. Peters, C. B.

Möhlich, P. Adams, H. Schnabel. (Gasth.: Zum Adler, Zum Schwan, Hoffbauer, Zur Krone. Ziemlich bedeutender Weinhandel.

Die Weine von Winningen sind rassig, voll, und haben großen Ruf. Der stolzeste Terassenbau an der Mosel. Das Burghaus Hebberdorf liegt im Ort.

Lay (r.). Verkehrt mit der Station Winningen der Moselbahn. Größe der Weinbergsfläche: 20 Hectar, 4.—8. Klasse. Jahresdurchschnittsertrag an Wein: 75 Fuder. Weinbergslagen: Gericht, Gegen Winningen, Kitzenberg, Vollrath, hohe Eiche.

Güls (l.) mit Bisholder. Station der Moselbahn. Kahnstation. Größe der Weinbergsfläche: 23 Hectar, 3.—6. Klasse. Durchschnittlicher Jahresertrag an Wein: 80 Fuder. Weinbergslage: Pattisch, Plänterberg, Rübenacherberg. Gasth.: Zillien, Zum Anker.

Moselweiss (r.). Station der Moselbahn. Größe der Weinbergsfläche: 14 Hectar, 5.—7. Klasse. Durchschnittsertrag an Wein per Jahr: 40 Fuder. Weinbergslagen: Oberhamm. Unterhamm. Gasth.: Rößchen.

Metternich (l.). Verkehrt mit Station Coblenz der Moselbahn. Größe der Weinbergsfläche: 2,5 Hectar, 5. Klasse. Durchschnittsertrag an Wein per Jahr: 8 Fuder. District Metternicherberg.

Neuendorf (l.). Station der linksrheinischen Eisenbahn. Größe der Weinbergsfläche: 0,8 Hectar, 5. Klasse.

Durchschnittlicher Jahresertrag an Wein 2 Fuder.
Traubenverkauf nach Coblenz.

Coblenz (r.). Am Zusammenfluß des Rheines und der Mosel. Hat keine Weinberge, ist aber ein Haupt-Handelsplatz für Moselweine; es beschäftigen sich mehr als 50 Geschäfte mit dem Vertriebe von Moselweinen. Gasth.: Zum Riesen, Anker, Bellevue, Traube, Centralhotel, Monopol, Zum wilden Schwein, Cölnischer Hof, Trierischer Hof, Maiwald. Weinhäuser: Tillman, im Stern, Scheid, im Vogelsang.

Das Schloß, die Rheinanlagen, die Castorkirche sind sehr sehenswerth, das Kaiserdenkmal.

IV. Das Gebiet des Muschelkalkes.

Moselaufwärts von dem Mündungspunkte der Saar in die Mosel bei Conz zieht sich auf etwa 45 Kilometer ein Weingebiet hin, in welchem der Bau auf Masse eingeführt ist, wo also durch **g r o ß e M e n g e n** von hergestelltem Wein Ersatz für die fehlende Güte desselben gesucht werden muß. Es ist dieses das Gebiet des Muschelkalkes und umfaßt sämmtliche Weinberge im Großherzogthum Luxemburg, sowie die Weinberge im Regierungsbezirk Trier, auf dem **r e c h t e n** Moselufer von Conz bis Perl. Der Rebsatz wird hauptsächlich durch die sehr reich tragenden Rebsorten Heunisch, grober Elben und Ortlieber gebildet; stellenweise ist Riesling und Sylvaner angebaut. Auf kleinen Flächen ist auch der

Pinot oder schwarze Burgunder, sowie der blaue Frühburgunder und Portugieser zu finden. Die Rebstöcke stehen
durchweg sehr enge und viel zu dicht, um gute Weine
erzielen zu können. Die Rebe wird an Pfählen mit
Büglingen gezogen; es sind verschiedene Versuche erkennbar, um die Rebe auch auf andere Weise zu erziehen,
aber dieselben sind meistens unschön und verunglückt.
Mit Drahtanlagen, Zucht an Planken, mit rheinischer Reb-
zucht, selbst mit Anzucht von kriechenden Reben sind im
Luxemburgischen Versuche gemacht worden, ohne daß die
Erfolge befriedigt haben und die gehegten Erwartungen
erfüllt worden sind. Allerdings konnten hierbei bessere
Weine hergestellt werden, aber die Güte derselben war
nicht ausreichend, um den Ausfall gegen den bisherigen
Ertrag zu decken, und dabei hielt es sehr schwer, die
besseren Weine da, wo im Ganzen auf Massenerzeugung
gebaut wird, zu höheren und lohnenden Preisen ab-
zusetzen. Der Ertrag der Weinberge auf dem meistens
kräftigen Kalkboden ist bei den genannten Rebsorten
gar groß und bezifferte sich in reichen Jahren pro Hectar
auf 80 Hectoliter Wein und selbst mehr. An Absatz für
diese Weine, welche etwas stumpf, sauer und bouquetlos
sind, fehlt es heute nicht mehr; vor 30 Jahren noch war,
abgesehen von dem großen Verbrauch in der Umgegend,
wo fast nur „Gräcken", d. h. letztjähriger Wein, getrunken wird, der alte, d. h. mehr als einjähriger Wein jedoch wenig Nachfrage hat, fast nur der Absatz dieser
Weine nach Frankreich möglich, wo bereits dicht an der
Grenze von Lothringen sich eine große Fabrik mit der
Herstellung von Rothweinen aus diesen Kalkweinen be-
faßte. Heute geht der hergestellte Wein jedoch nicht allein
nach Frankreich, sondern große Handlungen und Fabriken

im Luxemburger Land verarbeiten denselben, und nicht unbedeutende Mengen desselben beziehen die Weinhandlungen an der Mittel- und Untermosel. Der Verkauf der Weine geschieht größtentheils als Jungwein per Hotte zu 40 Liter; im Luxemburgischen wird noch nach Franken gehandelt, und Preise von 15 Franken per Hotte gelten dort als sehr hoch. Das Fuder Wein zu 24 Hotten mit 40 Liter, also mit 960 Liter, würden sich hierbei auf 288 Mark stellen; meistens bewegen sich die Preise jedoch nur für Jungweine zwischen 180—240 M. pro Fuder. In ganz geringen Jahren stellt sich der Preis weit niedriger, in besseren Jahren aber kaum höher, und letzteres ist eine Eigenthümlichkeit, die von dem Massenbau nicht abzustreifen ist. Einzelne Besitzer, die theils möglichst gute Weine herzustellen suchen, verwerthen, allerdings durch Verkauf an Private, namentlich nach Belgien, auch zu weit höheren Preisen, allein dieses sind Ausnahmen, welche auf das Ganze fast ohne Einfluß bleiben.

Es ist nicht zu leugnen, daß in den letzten dreißig Jahren der Weinbau auf diesem Muschelkalkgebiet sich gegen früher wesentlich gehoben und gebessert hat, und das ist hauptsächlich der Bildung von Winzervereinen und der Einwirkung der Behörden zuzuschreiben. Im Großherzogthum Luxemburg ist seit Jahren ein Weinbaulehrer angestellt, der überall Vorträge hält und seinen Einfluß zur Hebung des Weinbaues geltend macht; dabei halten die Winzervereine Versammlungen und Berathungen, die, von tüchtigen, rührigen Männern geleitet, der Erzeugung besserer und werthvollerer Weine ungetheilte Aufmerksamkeit widmen. Auch auf preußischer Seite bestehen Winzervereine, und ab und zu werden durch Weinbaulehrer auch Vorträge gehalten. In Folge dessen findet man bereits manche gut gepflegten Weinberge, auf welche die Besitzer stolz sein können, aber die meisten Weinberge werden doch noch recht dürftig gebaut, und deshalb ist bei den herrschenden schlechten Rebsorten und bei der fast allgemeinen Sucht, möglichst viel Wein herzustellen, an eine ganz wesentliche Besserung der erzeugten Weine im Allgemeinen noch nicht zu denken.

Im Luxemburgischen hat der Weinort Wormeldingen bezüglich seiner Credenz den hervorragendsten Namen; es wird dort auch Riesling gebaut. Die Weinorte Grevenmachern, Ehnen, Remich und Wellenstein bemühen sich am meisten um die allgemeine Hebung des Weinbaues; in diesen Orten haben einzelne Besitzer bereits einen Weinbau eingeführt, den man unter den gegebenen Verhältnissen als gut bezeichnen muß, und dadurch sind Beispiele gegeben, welche auf das Ganze von größerem Einfluß sind als große Vorträge und Belehrungen in der Stube. Auf der preußischen Seite stehen die Weinorte Nittel, Nennig und Perl an der Spitze der Bestrebungen zur Hebung des Weinbaues; in den beiden letzten Orten sind größere Güter vorhanden, die gut bauen und deshalb durch das Beispiel wirken, und in dem Orte Nittel gibt es tüchtige und einsichtsvolle Winzer, welche sich für einen besseren Weinbau nach Kräften bemühen; hier wirkt auch ein Winzerverein günstig ein.

Als Verkehrsstraße für diese Weine in größeren Quantitäten dient die Mosel; der Versand geschieht dann per Schiff sowohl in der Richtung nach Metz als auch nach Coblenz. Kleinere Mengen werden auch per Bahn bezogen; die Eisenbahn von Trier nach Metz liegt ja im

Gebiet der Mosel. Von den Luxemburgischen Eisenbahnstationen Grevenmachern, Remich und Wasserbillig erfolgt gleichfalls ziemlicher Versand.

**Von der Saarmündung bis zur lothringischen Grenze.
Kalk- und Sandsteingebiet.
Regierungsbezirk Trier.**

Igel (l.). Haltestelle der Bahn Trier-Luxemburg. Größe der Weinbergfläche: 10 Hectar, 6.—7. Kl. Durchschnittsertrag an Wein per Jahr 40 Fuder. Theils Bundsandstein, theils Muschelkalkformation.
<small>Sehenswerth ist das röm. Grabmonument, die berühmte Igeler-Säule genannt.</small>

Im Gebiet des Muschelkalkes liegen theils an der Sauer die Orte: **Mesenich, Metzdorf, Ralingen, Edingen, Grevenich** und **Echternach**, sowie im Moselgebiet (l.) noch **Liersberg** mit etwas geringem Weinbau, der zusammen ca. 32 Hectar, 5.—7. Klasse mit einer durchschnittlichen Jahresproduction von 95 Fuder Wein umfaßt.

Langsur (l.). Kalkgebiet. Verkehrt mit Station Wasserbillig der Trier-Luxemburger Bahn. Größe der Weinbergsfläche: 30 Hectar. 5.—7. Klasse. Durchschnittsertrag von Wein per Jahr 150 Fuder. Bessere Lage: der Herrenberg. Weingutsbesitzer: E. Müller zu Langsur.

Oberbillig (r.). Bundsandsteinboden und Kalk. Haltestelle.

Größe der Weinbergsfläche 8 Hectar, 6.—7. Klasse. Durchschnittlicher Jahresertrag an Wein 30 Fuder.

Temmels (r.). Kalkboden. Haltestelle. Größe der Weinbergsfläche 10 Hectar, 7. Klasse. Durchschnittl. Jahresertrag an Wein 40 Fuder. Gasth. Gierst.

Wellen (r.). Kalk. Station. Größe der Weinbergsfläche 6 Hectar, 6.—7. Klasse. Durchschnittlicher Jahresertrag an Wein 24 Fuder. Gasth. Henkel.

Nittel (r.). Kalk. Haltestelle der Bahn Trier—Metz. Größe der Weinbergsfläche ca. 51 Hectar, 6.—8. Kl. Durchschnittlicher Jahresertrag an Wein: 300 Fuder. Es wird viel Heunisch, Ortlieber und grober Elben gebaut, welche Traubensorten sehr viel Wein geben. Wirthsch.: Schneider, Berg.

Rehlingen (r.). Kalk. Verkehrt mit Station Wincheringen der Bahn Trier—Metz. Größe der Weinbergsfläche: 9 Hectar, 7.—8. Klasse. Durchschnittlicher Jahresertrag an Wein 45 Fuder.

Wincheringen (r.). Kalk. Station der Linie Trier—Metz. Größe der Weinbergsfläche: 12 Hectar, 6. bis 8. Klasse. Durchschnittlicher Jahresertrag an Wein ca. 50 Fuder.

Helfant (r.). Kalk. Verkehrt mit Station Wincheringen der Eisenbahn Trier—Metz. Größe der Weinbergsfläche: 4 Hectar, 8. Klasse. Durchschnittlicher Jahresertrag: 15 Fuder.

Wehr (r.). Kalk. Verkehrt mit Station Wincheringen der Bahn Trier—Metz. Größe der Weinbergsflächen: 11 Hektar, 4., 5. und 6. Klasse. Durchschnittlicher Jahresertrag an Wein: ca. 45 Fuder.

Palzem (r.). Kalk. Haltestelle der Linie Trier—Metz. Größe der Weinbergsfläche: 8 Hectar, 6.—8. Kl. Durchschnittlicher Jahresertrag an Wein 35 Fuder.

Kreuzweiler (r.). Kalk. Verkehrt mit Station Nennig der Bahn Trier—Metz. Größe der Weinbergsfläche: 5 Hectar, 8. Klasse. Durchschnittlicher Jahresertrag 20 Fuder Wein.

Nennig (r.). Kalk. Station der Bahn Trier—Metz. Größe der Weinbergsfläche: 25 Hectar, 6.—8. Kl. Durchschnittlicher Jahresertrag an Wein 110 Fuder. Weingut: Schloß Bübingen. Wirthsch. Jung.

In der Nähe der berühmte römische Mosaikboden, an Größe (15 × 10 Meter) und Schönheit dem Athleten-Mosaikboden in Rom gleichkommend.

Besch (r.). Kalk. Verkehrt mit den Stationen Perl und Nennig der Bahn Trier—Metz. Größe der Weinbergsfläche: 8 Hectar, 8. Klasse. Durchschnittlicher Jahresertrag an Wein 35 Fuder.

Perl (r.). Kalk. Station der Bahn Trier—Metz. Größe der Weinbergsfläche: 12 Hectar, 5.—8. Kl. Durchschnittlicher Jahresertrag an Wein 45 Fuder. Weingutsbesitzer O. von Nell. Gasth. Grevelbinger.

Luxemburg.

Mertert und **Wasserbillig.** Stationen der Eisenbahn Trier-Luxemburg. Größe der Weinbauflächen: 53 Hectar. Durchschnittlicher Jahresertrag 320 Fuder Wein. Gasth. Rheinart zu Wasserbillig.

Manternach und **Munschecker.** Verkehren mit den Eisenbahnstationen Mertert und Grevenmachern. Größe der Weinbaufläche: 15 Hectar. Durchschnittlicher Jahresertrag an Wein 90 Fuder. Nebenlagen.

Grevenmachern. Stat. der Nebenbahn Grevenmachern—Wasserbillig. Größe der Weinbaufläche: 61 Hectar. Durchschnittlicher Jahresertrag an Wein 400 Fuder. Der Weinbau wird meistens recht gut betrieben. Gasth. Luxemburger Hof, des Voyageurs.

Wormeldingen mit **Dreiborn, Ahn, Ehnen** und **Machtum.** Verkehren mit der Station Grevenmachern der Nebenlinie Grevenmachern—Wasserbillig, sowie mit den preußischen Stationen Wellen und Wincheringen der Bahn Trier—Metz. Größe der Weinbaufläche: 212 Hectar. Durchschnittsertrag an Wein per Jahr 1400 Fuder. Der Weinbau wird größtentheils sorgfältig betrieben, und die Weine haben den besten Ruf im Luxemburger Land. Weingutsbesitzer in Ehnen, Wellenstein. Gasth.: Beck-Linden und J. Eichhorn in Wormeldingen; Wwe. Simmes-Föhr in Ehnen Cröverath-Wirtz in Machtum.

Beyren, Gostingen, Ober- und Niederdonven, Nebenlagen. Verkehren mit der Eisenbahnstation Grevenmachern, sowie mit den preuß. Stationen Nittel und Wellen der Linie Trier—Metz. Größe der Weinbaufläche: 18 Hectar. Durchschnittsertrag von Wein per Jahr 100 Fuder.

Lenningen mit **Canach** und **Greveldingen**. Verkehren mit der preuß. Eisenbahnstation Wincheringen der Linie Trier—Metz. Größe der Weinbergsfläche: ca. 25 Hectar; der Durchschnittsertrag stellt sich auf 200 Fuder Wein. Ist Nebenlage.

Stadtbredimus. Verkehrt mit der preußisch. Eisenbahnstation Palzem der Linie Trier—Metz. Weinbergsfläche: 60 Hectar; durchschnittlicher Jahresertrag an Wein 450 Fuder. Gasth.: Boesen-Laut.

Bous mit **Assel** und **Erpeldingen**. Verkehrt mit der preuß. Eisenbahnstation Palzem der Linie Trier—Metz, sowie mit der Station Remich der Schmalspurbahn Remich—Mondorf—Luxemburg. Größe der Weinbergsfläche 23 Hectar, durchschnittlicher Jahresertrag 140 Fuder Wein. Ist Nebenlage.

Waldbredimus mit **Trintingen**. Verkehrt mit der preuß. Eisenbahnstation Palzem der Linie Trier—Metz, sowie mit der Station Scheuerhof der Schmalspurbahn Remich—Mondorf—Luxemburg. Größe der Weinbergsfläche: 5 Hectar. Durchschnittsertrag per Jahr 36 Fuder Wein. Ist Nebenlage.

Remich. Station der Schmalspurbahn Remich—Mondorf—Luxemburg. Verkehrt mit der preußisch. Eisenbahnstation Nennig der Linie Trier—Metz. Größe der

Weinbergsfläche 47 Hectar, durchschnittlicher Jahresertrag an Wein 350 Fuder. Der Bau der Weinberge ist ziemlich sorgfältig. Bessere Lagen: Olf, Neuwieserberg, an der Kirche. Weingutsbesitzer: Welter, Neyen. Gasth.: Bouschlet-Conter, Bouschlet-Hebo, Klopp, Wwe. Willems.

Wellenstein mit Kleinmacher und Bech. Verkehrt mit der preußischen Eisenbahnstation Nennig der Linie Trier—Metz. Größe der Weinbergsflächen 191 Hect., durchschnittlicher Jahresertrag an Wein ca. 1400 Fuder. Bessere Lagen: Weißenberg, Laag, Klang, Hückerberg, Rütschel, Knil. Gasth.: Krier in Wellenstein.

Remerchen mit Schwebsingen, Wintringen und Scheugen. Verkehren mit den Eisenbahnstationen Nennig, Besch und Perl der Linie Trier—Metz. Größe der Weinbergsfläche 119 Hectar, durchschnittlicher Ertrag per Jahr an Wein 800 Fuder. Gasth.: Mostsiet-Schaaf in Scheugen.

Bommerange und Elvange. Nebenlagen. Verkehren mit den Eisenbahnstationen Perl und Besch der Linie Trier—Metz. Besitz an Weinbergen 13 Hectar. Durchschnittlicher Jahresertrag 80 Fuder Wein.

Mondorf mit Altwies und Ellange. Mondorf ist Station der Schmalspurbahn Remich—Luxemburg. Nebenlage. Größe der Weinbergsfläche 10 Hectar, durchschnittlicher Jahresertrag 50 Fuder. Mondorf ist Badeort mit vielen Hotels.

Außerdem liegen im Gebiete der Sauer noch etwas Weinbergsflächen, und zwar zu:

1. **Born**, Gierst, Mörsdorf, Hompach und Rosport, etwa 6 Hectar mit einem Durchschnittsertrag von 30 Fuder Wein. Der Verkehr geht zu den Stationen Born und Rosport der Prinz Heinrichbahn.

2. **Echternach**, etwa 5 Hektar mit einem Durchschnittsertrag von 25 Fudern Wein. Station der Prinz Heinrichbahn. Gasth.: Dulerf u. A.

3. **Vianden**, etwa 31 Hectar mit einem Durchschnittsertrag von 120 Fuder. Vianden ist Station der Eisenbahn Diekirch—Vianden. Es sind Nebenlagen, deren Ertrag hauptsächlich im Lande konsumirt wird.

Alphabetisches Ortsverzeichniß.

Ahn 79.
Albegund 60.
Alf 60.
Alken 69.
Altwies 81.
Andel 49.
St. Arnual 30.
Assel 80.
Auersmachern 30.
Ayl 25.

St. Barbe 29.
Bausendorf 53.
Bech 81.
Becond 41.
Beckingen 29.
Beilstein 63.
Behren 79.
Bengel 53.
Berncastel 49.
Berus 29.
Besch 78.
Besseringen 29.
Beurig 24.
Biebelhausen 25.
Bietzen 29.

Bliesransbach 30.
Pommerange 81.
Porn 81.
Bous 80.
Bremm 61.
Briedel 59.
Briedern 62.
Brodenbach 68.
Brotdorf 29.
Bruttig 63.
Bübingen 30.
Büren 29.
Bullah 60.
Burg 58.
Burgen I 47.
Burgen II 67.

Canach 79.
Canzem 26.
Carden 66.
Casel 38.
Castel 23.
Cattenes 48.
Clotten 65.
Clüsserath 42.
Coblenz 72.
Commelingen 28.

Cochem 65.
Conb 64
Cönen 27.
Conz 34.
Corlingen 36.
Creltnach 28.
Cröb 52.
Crutweiler 23.
Cues 49.

Detzem 41.
Dieblich 70.
Dreis 44.
Drohn sie Thron.
Dusemond 46.

Echternach 76.
Ediger 61.
Edingen 76.
Ebnen 79.
Ehrang 39.
Eitelsbach 37.
Ellange 81.
Ellenz 63.
Elvange 81.
Eller 61.

6*

Enkirch 54.
Ensch 41.
Erben 51.
Ernst 64.
Erpelbingen 80.
Euren 35.

Fankel 53.
Fell 39.
Filsch 36.
Filzen a. M. 46.
Filzen a. S. 27.

Gierst 81.
Gondorf 69.
Gostingen 79.
Graach 50.
Grevelbingen 79.
Grewenich 76.
Grevenmachern 70.
Großhemmersdorf 29.
Güls 71.

Hamm 27.
Hanweiler 30.
Hatzenport 67.
Haustadt 29.
Heiligkreuz 35.
Helfant 77.
Hetzerath 44.
Hilbringen 29.
Hupperath 49.

Igel 76.
Ihn 29.
Irsch 36.

Kaimt 69.
Kenn 39.
Kernscheid 38.
Kesten 45.
Kinheim 52.
Kleinblittersdorf 30.
Kleinmacher 81.
Kobern 70.
Köperich-Hemmersdorf 29.
Köwenich 52.
Köwerich 42.
Kreuzweiler 78.
Kühr 69.
Kürenz 36.

Lay 71.
Langsur 76.
Lehmen 69.
Leidingen 80.
Lenningen 79.
Leiwen 42.
Liersberg 76.
Lieser 47.
Lockweiler 29.
Loef 69.
Longen 40.
Longuich 39.
Lörsch 40.
Lösenich 51.
Lütz 67.

Machtum 79.
Manternach 79.
Maring 18.
St. Matthias 35.
Mehring 40.

Menningen 29.
Merl 59.
Mertert 78.
Mertesdorf 87.
Merzig 29.
Merzlich 34.
Mesenich I 62.
Mesenich II 76.
Metternich 71.
Metzdorf 76.
Minheim 45.
Mondorf 81.
Monzel 46.
Mosellern 67.
Moselkürsch 69.
Moselweiß 71.
Müden 66.
Mülheim 47.
Müstert 44.
Munschecker 79.

Neef 60.
Nehren 62.
Rennig 78.
Neuendorf 71.
Neuerburg 53.
Neumagen 43.
Niedaltdorf 80.
Niederbonven 79.
Niederemmel 44.
Niederfell 69.
Niederleuken 24.
Niederlimburg 30.
Niedermennig 28.
Nittel 77.
Noviand 48.

Oberbillig 76.

Oberdonven 79.
Oberemmel 27.
Oberfell 69.
Ockfen 24.
Olewig 38.
Olkenbach 53.
Osann 46.

Palzem 78.
Pellingen 28.
Perl 78.
Pfalzel 37.
Piesport 43.
Platten 49.
Wölich 40.
Woltersdorf 63.
Pommern 65.
Pünderich 59.

Rachtig 50.
Ralingen 76.
Rehlingen 77.
Reil 58.
Reinsport 44.
Remerchen 81.
Remich 60.
Rilchingen 30.
Rissenthal 29.
Rivenich 44.

Rommelfangen 30.
Rosport 81.
Ruwer-Maximin 37.
Ruwer-Paulin 37.

Saarbrücken 30.
Saarburg 23
Salmrohr 44.
Schengen 81.
Schleich 40.
Schoden 25.
Schwebsingen 81.
Schweich 39.
Sehl 64.
Senhals 62.
Senheim 62.
Serrig 23.
Siersdorf 30.
Sommerau 36.
Stadtbredimus 80.
Starkenburg 54.

Traben 53.
Trarbach 53.
Temmels 77.
Thörnich 41.
Thron 43.
Treis 66.

Trier 35.
Trintlingen 80.
Trittenheim 42.

Uerzig 51.

Walwig 64.
Weldenz 47.
Wianden 81.

Waldbredimus 80.
Walbrach 38.
Wasserbillig 78.
Wawern 26.
Wehlen 50.
Wehr 73.
Wellen 77.
Wellenstein 81.
Wiltingen 25.
Wincheringen 77.
Winningen 70.
Wintringen 81.
Wintrich 45.
Wittlich 48.
Wolf 52.
Wormelbingen 79.

Zell 59.
Zeltingen 50.

Inhaltsverzeichniß.

	Seite
Vorwort	III
Einleitung	1
Verzeichniß der Weinorte	20—85
I. Das Gebiet der Saar	20—30
II. Das Weingebiet der mittleren Mosel von der Mündung der Saar bis Enkirch	31—54
III. Das Gebiet der unteren Mosel von Burg bis Coblenz	55—71
IV. Das Gebiet des Muschelkalkes von der Saarmündung bis zur lothringischen Grenze	72—82
Regierungsbezirk Trier	76—78
Luxemburg	79—82
Alphabetisches Ortsverzeichniß	83—85
Inhaltsverzeichniß	86

Anhang.

Anzeigen	1—22